Desirée Deiser

Angst im Sportunterricht der Grundschule

Desirée Deiser

Angst im Sportunterricht der Grundschule

Entstehung, Bewältigungsmöglichkeiten und Prävention

Trainerverlag

Imprint

Cover image: www.ingimage.com

Publisher:
Der Trainerverlag
is a trademark of
International Book Market Service Ltd., member of OmniScriptum Publishing Group
17 Meldrum Street, Beau Bassin 71504, Mauritius

Printed at: see last page
ISBN: 978-620-2-49413-7

Desirée Deiser

Angst im Sportunterricht der Grundschule

Entstehung, Bewältigungsmöglichkeiten und Prävention

KURZZUSAMMENFASSUNG

Die vorliegende Literatur versucht zu klären, wie der Pädagoge im Sportunterricht auf mögliche Ängste der Schüler eingehen kann. Es werden zuerst die theoretischen Grundlagen geklärt, dann die Umgangsstrategien der Schüler mit Angst näher durchleuchtet. Wenn die Pädagogen die Ursachen, Erscheinungsformen, aber auch Präventions- und Interventionsmöglichkeiten kennen, können sie ihr Wissen im Unterricht gezielt einsetzen.

Anhand dieser theoretischer Grundlagen und der Literaturrecherche werden einige didaktische Übungen zur Prävention bzw. Intervention von Angst im Sportunterricht der Grundschule angefügt, die zur Anregung für die Leser dienen und ihre Neugierde wecken sollen.

An dem theoretischen Teil ist eine empirische Untersuchung angeschlossen, die anhand von Fragebögen untersucht, wie, ob und wie oft Angst im Sportunterricht der Grundschule eine Rolle spielt. Verschiedenste Kriterien, wie Geschlecht, Heimatort und Body Mass Index wurden dabei berücksichtigt.

VORWORT

Heutzutage wird vermehrt über Aggression, Gewalt und Sexualität berichtet und geforscht. Die Angst wird etwas in den Hintergrund gerückt.

Über das Thema „Angst" lässt sich schon einiges an Literatur finden. Schwieriger wird es aber dann bei der spezifischen Suche über die „Sportangst" bzw. über „Angst im Sportunterricht".

Publikationen, dieses Thema betreffend, stammen vorwiegend aus den 90er Jahren. Auch Recherchen in den sportwissenschaftlichen Instituten Österreichs und Deutschland ergeben kaum Treffer.

Pädagogen sollten sich vertiefend mit der Thematik Angst auseinandersetzen, da sie den Schülern soweit wie möglich ein angstfreies, angenehmes Klima schaffen sollten. Nur dann sind die Kinder in ihrer Entwicklung (physisch, psychisch und sozial) nicht blockiert und können sich frei und mit passendem Selbstwertgefühl entwickeln.

Nur wenn sie sich eingehend mit den theoretischen Grundlagen dieses Themas beschäftigen, sind sie auch in der Lage Ängste bei Kinder zu erkennen und die Ursachen zu erforschen bzw. zu bewältigen.

Dieses Buch soll nicht nur als interessanter Lesestoff gesehen werden, sondern den Leser animieren, sich auf diesem Gebiet weiterzubilden und sich damit vor allem in der Praxis auseinanderzusetzen.

Abschließend möchte ich mich bei den Direktionen der Schulen bedanken, in denen ich die empirische Forschung durchführen konnte. Auch die Klassenlehrer waren sehr hilfsbereit und freuten sich einer „jungen Kollegin" helfen zu können.

Ein besonderer Dank gilt natürlich auch den Kindern, die sich gerne und enthusiastisch bereit erklärt haben den Fragebogen auszufüllen.

INHALTSVERZEICHNIS

I) THEORETISCHER TEIL

1 PROBLEMAUFRISS

1.1 Relevanz des Themas

Um ein gutes Körperbewusstsein zu entwickeln bzw. zu erhalten, ist die Freude an der Bewegung besonders wichtig. Wer sich regelmäßig bewegt merkt, dass er sich psychisch und physisch wohler fühlt, fitter ist und sich statistisch gesehen auch gesünder ernährt.

Leider wird in den letzten Jahren immer mehr ein Trend zur bewegungsarmen Freizeitbeschäftigung bemerkbar. Meiner Meinung nach wird der natürliche Bewegungsdrang schon sehr früh, auch im Elternhaus, gebremst. Dies könnte ein Grund sein, dass manche Kinder Angst vor der Blamage im Unterrichtsfach Bewegung und Sport haben, da sie keine Erfahrungen beim Ausprobieren von verschiedensten Bewegungsarten haben.

Aber warum verspüren auch Kinder Angst im Sportunterricht, die in ihrer Freizeit genug Bewegung an der frischen Luft haben?

Als Pädagogen sollten wir die verschiedenen Formen der Angst und deren Symptome erkennen, damit wird nach theoretischen Grundlagen in der Praxis dagegen angehen können.

Nachdem es um das gesamte Wohlempfinden der Schüler geht (Körper und Geist), sollte in allen Unterrichtsfächern ein angstfreies Klima herrschen und die Angst gegebenenfalls thematisiert werden.

Ich habe mich auf das Unterrichtsfach „Bewegung und Sport" konzentriert, da es meiner Erfahrung nach gerade dort ein großes Angstpotenzial, aber auch genügend angstpräventive und angstreduzierende Möglichkeiten gibt.

1.2 Forschungsfrage(n)

- „Welche Möglichkeiten bietet das Unterrichtsfach Bewegung und Sport zur Prävention bzw. zum Abbau von Angst?"
- „Warum und wodurch entsteht Angst im Sportunterricht?"

Im theoretischen Teil wurden außerdem folgende Fragen beantwortet:

- „Was ist Angst und wie wirkt sie sich auf unser Verhalten aus?"
- „Was sieht die gesetzliche Grundlage im Unterrichtsfach Bewegung und Sport zur Angstprävention vor?"
- „Welche Strategien entwickeln die Kinder, wenn sie Angst verspüren und welches Verhalten sollte der Pädagoge in solchen Situationen an den Tag legen?"

In der empirischen Forschung wurden auch folgende Fragen beantwortet:

- „Gibt es einen Unterschied zwischen Buben und Mädchen in Bezug auf Angst im Sportunterricht?"
- „Haben übergewichtige Kinder mehr Angst im Sportunterricht?"
- „Gibt es Unterschiede im Hinblick auf die Thematik Angst zwischen Schülern die am Land leben zu denen die in der Stadt leben?"
- „Gibt es Unterschiede im Hinblick auf die Mitgliedschaft in einem sportlichen Verein zwischen Schülern die am Land leben zu denen die in der Stadt leben?"
- „Welche Ängste stehen im Sportunterricht im Vordergrund?"

Diese Fragestellungen der empirischen Vorstellung geben Aufschluss über mögliche Aspekte der Angstentstehung.

Die Forschungsfragen sind konkret thematisiert und sollen Aufschluss über Methodik und Didaktik im Unterrichtsfach „Bewegung und Sport" der Grundschule geben.

Die Forschungsfrage ist in weitere Problemstellungen unterteilt, die gemeinsam zur Beantwortung der Hauptfrage beitragen.

1.3 Methodische Vorgangsweise

Die literarische Forschung dieser Bachelorarbeit bezieht sich auf gängige Fachliteratur aus den Wissenschaftsbereichen Psychologie und Pädagogik. Es wurden Werke, Fachartikel und Fachzeitschriften aus den genannten Bereichen ausgewählt, die von namhaften Wissenschaftlern und Experten verfasst wurden. Es wurde versucht, auf die Aktualität große Rücksicht zu nehmen. Dies gelang bei den pädagogischen Werken nur bedingt, da zum Thema Angst im Sportunterricht nur geeignete Literatur aus den 90er Jahren, trotz weitläufiger Recherche, gefunden wurde.

Ebenso basiert die Forschung dieser Arbeit auf einer Studie, die an vier verschiedenen Schulen durchgeführt wurde. Dafür wurden Fragebögen zum Thema Angst im Sportunterricht in Schulen der Bezirke Wolfsberg, Völkermarkt, Klagenfurt Stadt und Villach Stadt ausgeteilt. Die Befragung beschränkte sich auf die 4. Klassen, da ich sicher gehen wollte, dass die Fragen beantwortet werden können (Gewicht, Größe) und die Kinder bereits genügend Schulerfahrung haben.

Diese Untersuchungsmethode ermöglicht eine anschauliche Auswertung der Ergebnisse und stützt sich auf die Erfahrungen der Schüler.

2 ANGST

Jeder Mensch empfindet in bestimmten Situationen seines Lebens manches Mal Angst oder Furcht. Furcht bewahrt z.B. einen Menschen davor von einer hohen Klippe zu springen, da er sich vor dem Absturz und den daraus entstehenden Konsequenzen fürchtet.

Angst gehört zu unserer Existenz und ist eine Spiegelung unserer Abhängigkeiten und dem Wissen um unsere Sterblichkeit. Wir können versuchen Gegenkräfte zu entwickeln die uns helfen mit der Angst zurechtzukommen, sie anzunehmen und sie immer wieder neu zu besiegen.

(vgl. Riemann, 2009, S.7)

2.1 Definition: Angst

In meinem Literaturstudium erkannte ich, dass es sehr schwierig ist eine klare Definition von „Angst" zu finden, da in den verschiedenen Forschungsrichtungen unterschiedliche Gesichtspunkte berücksichtigt werden. Außerdem werden in den meisten Büchern die verschiedenen Formen von Angst beschrieben, aber der Oberbegriff nicht eindeutig definiert.

Also beschränkte ich mich auf Erklärungsversuche in den angegebenen wissenschaftlichen Fachbüchern und auf die Wortbestimmung.

Das Wort „Angst" leitet sich aus dem lateinischen Wort „angustiae" bzw. aus dem urindogermanischen Wort „anghos" ab und bedeutet Enge bzw. Beklemmung.

Angst wurde also schon von unseren Vorfahren als eine körperliche Reaktion verstanden, die uns ein beengendes Gefühl gibt. Demnach ist Angst als ein "Urinstinkt" zu verstehen, der evolutionsgeschichtlich gesehen schon immer vorhanden war.

(vgl. Morschitzky/Sator, 2009, S.13)

Anders als bei der Furcht entsteht Angst ohne einen rationellen Auslöser; sie ist verstandesmäßig nicht begründbar, krankhaft oder irrational.

Furcht bindet sich an einen objektiven Auslöser, wogegen Angst oft nicht erklärbar ist, sich mit Gefühlen, wie Schwäche, Hilflosigkeit und Unvermögen ausdrückt, die lähmend sind oder zum Fluchtverhalten auffordern.

(vgl. Rogge, 2009, S.21)

Angst ist, wie bereits erwähnt, ein natürliches Gefühl, welches jeder Mensch immer wieder empfindet, wie auch Zorn, Wut, Freude und Traurigkeit. Nicht nur beim Menschen ist Angst zu beobachten, sondern auch bei Tieren.

Es gibt in unserer Entwicklung von der Kindheit zum Erwachsenenalter bestimmte Phasen, wo Angst, unabhängig von der Kultur, immer wieder auftritt (z.B. „Fremdeln").

(vgl. Wittchen u.a., 1999, S.1)

Kosubek (2006) schreibt, dass Angst dem Menschen in die Wiege gelegt wird, da er das erste Mal dieses Gefühl bei der Geburt empfindet. Der schützende Mutterleib wird verlassen, das Kind kommt in eine helle, kalte, laute und fremde Welt.

Angst ist aber nicht angeboren, lediglich die Fähigkeit, Angst zu empfinden.

(vgl. Kosubek, 2006, S9f)

Alle Autoren sind sich einig, dass Angst oft mit anderen Emotionen, wie Furcht, Stress oder Ängstlichkeit gleichgesetzt wird. Im nächsten Unterpunkt werden diese Emotionen miteinander verglichen und voneinander abgegrenzt.

2.2 Abgrenzung von anderen Emotionen

2.2.1 Angst – Furcht

Wie bereits erwähnt soll Furcht laut einigen Autoren dann vorliegen, wenn die Gefahr eindeutig zu bestimmen ist und die Reaktionen Flucht oder Vermeidung möglich sind. Freud definiert Angst als „unbestimmt und objektlos"; Furcht als „Angst, die ein Objekt gefunden hat."

Furcht wird weiters als kurze phasische emotionale Reaktion auf kurz erstreckte Stimuli bezeichnet, wogegen Angst längere tonische Reaktionen hervorruft.

(vgl. Krohne, 1996, S.9)

2.2.2 Angst – Stress

In verhaltenswissenschaftlichen Ansätzen wird Stress als der körperliche Zustand unter physischer und psychischer Belastung definiert. Damit ist ein Extremzustand des Organismus mit den Komponenten Anspannung, Widerstand gegenüber Belastungen und körperliche Schädigung (bei lang anhaltender oder öfters wiederkehrender Belastung) gemeint. Stress entsteht nicht nur durch das Auftreten bestimmter Situationen, sondern hängt davon ab, wie der Betroffene mit diesen umgeht.

Stress stellt einen Sonderfall emotionaler Reaktionsweisen dar. Während Freude, Ärger, Angst oder Furcht sich um zeitlich vergleichsweise kurz erstreckte Anpassungsmechanismen handeln, bringt Stress den Organismus über einen längeren Zeitraum hinweg aus dem seelischen und/oder körperlichen Gleichgewicht.

Stress kann aber, je länger er anhält, zu Angst- und/oder Panikattacken führen. Die Situation wird nun als nicht mehr bewältigbar empfunden.

Auch Depressionen werden als Stressreaktionen definiert.

(vgl. Morschitzky/Sator, 2009, S.21f)

2.2.3 Angst – Ängstlichkeit

Bei der Definition von Ängstlichkeit wird weniger auf die emotionalen Zustände, die z.B. Furcht, Angst und Stress hervorrufen, eingegangen, sondern eher auf die Umweltgegebenheiten. In der gängigen Literatur finden sich drei grobe Unterscheidungen solcher Umweltgegebenheiten:

- *Die Bewertungsängstlichkeit:* Im Allgemeinen bekannt als sogenannte „Prüfungsangst".

- *Soziale Ängstlichkeit:* Verlegenheit, Scham, Publikums- bzw. Sprechangst und Schüchternheit sind Formen dieser Ängstlichkeit.

- *Ängstlichkeit vor physischer Verletzung:* Angst vor Schmerzen, Angst vor medizinischen Eingriffen.

(vgl. Krohne, 1996, S.10f)

2.3 Die Entstehung der Angst

Viele Betroffene sind der Meinung, dass bestimmte Menschen, Situationen und/oder Ereignisse ihre Angst verursachen und sie keinerlei Kontrolle über dieses Angstgefühl haben. Als Ausweg, um dieses Gefühl ertragen zu können, meiden solche Menschen entweder diese angstauslösenden Situationen oder betäuben das Gefühl mit Tabletten, Alkohol, Drogen oder Ähnlichem.

Aber nicht jeder Mensch hat vor den gleichen Situationen Angst und auch an sich ängstliche Menschen haben schon Ängste überwunden (z.B. Zahnarztbesuch, Prüfung, Gespenster). Also muss es eine Erklärung geben, warum Ängste in manchen Situationen auftauchen und in anderen nicht.

Angeboren können Ängste nicht sein, denn dann wären wir entweder als ängstlicher oder mutiger Mensch geboren und hätten nicht die Möglichkeit unsere Ängste zu überwinden. Eher scheint es, dass wir unsere Ängste selbst auslösen und am Leben erhalten oder überwinden. Diese Erklärung wurde in verschiedensten wissenschaftlichen Untersuchungen bestätigt.

(vgl. Wolf, 2002, S.25f)

Im Folgenden werden einige Ursachen dieser Angstauslöser und ebenso wissenschaftlichen Angsttheorien näher erläutert.

2.3.1 Ursachen für Angststörungen

Es gibt nie nur eine einzige Ursache die eine Angststörung auslöst; es spielen immer mehrere Faktoren zusammen. Nachfolgend werden einige dieser Ursachen aufgelistet und näher erklärt.

- *Veranlagung und Erziehung:*

Wenn die Eltern unter gewissen Angststörungen leiden, ist das Risiko höher auch an einer Angststörung zu erkranken. Allerdings sind die Ursachen für solch eine Vererbung noch nicht ausreichend erforscht. Falls Eltern mit angstauslösenden Situationen nicht umgehen können, könnte sich dieses Verhalten auch auf das Kind übertragen, da es verschiedenste Verhaltensmuster kopiert.

- *Lebensereignisse:*

Schwierige Lebensereignisse, wie z.B. ein Todesfall im Bekanntenkreis, können Panikattacken und Angststörungen auslösen. Vor allem wenn es sich um den Tod durch Herzversagen handelt sind wir besonders empfindlich und ängstlich.

- *Lange Stressbelastung:*

In Lebenslagen die uns länger und andauernd belasten ist die Wahrscheinlichkeit einer Panikattacke höher.

- *Übertriebene körperliche Selbstbeobachtung:*

Werden die körperlichen Funktionen ständig genau beobachtet und sich über alle Veränderungen Sorgen gemacht, ist dieser Mensch häufiger von Panikattacken betroffen.

- *Einschneidende Angsterlebnisse:*

Hatte ein Mensch bereits eine Panikattacke, hat er große Angst vor einer weiteren, da er dieses Erlebnis als ein sehr intensives und bedrohliches wahrgenommen hat. Es setzt ein Vermeidungsverhalten ein; gewisse Orte und Situationen werden gemieden. Daraus entwickelt sich eine Angst, die selbst zu einer Ursache für weitere Panikattacken wird.

- *Suchtmittel:*

Starker Nikotin- und Alkoholkonsum, sowie Drogenmissbrauch erhöhen das Risiko für eine Panikattacke.

- *Lebensführung:*

Mangelnde körperliche Fitness und Schlafmangel erhöhen das Risiko einer Panikattacke.

- *Krankheiten, Stoffwechselstörungen, Verletzungen:*

Zusätzliche Ursachen, die eine .Panikattacken hervorrufen können.

(vgl. http://www.aphs.ch)

2.3.2 Wissenschaftliche Angsttheorien

2.3.2.1 Der biologische Ansatz

Dieser Ansatz geht davon aus, dass Angststörungen biologische Ursachen haben. Eine dieser Theorien versucht zu erklären, warum bestimmte Phobien, wie z.B. die Spinnenphobie oder die Höhenangst, öfters vorkommen als andere, wie z.B. die Angst vor Elektrizität. Die Wissenschaft vermutet, dass evolutionsgeschichtlich gesehen bestimmte Ängste unseren Vorfahren die Überlebenschancen erhöhten.

Allerdings erklärt diese Hypothese nicht, warum wir Phobien gegenüber Objekten oder Situationen entwickeln, die zu früheren Zeitpunkten unserer Evolution keinen lebensbedrohlichen Charakter hatten (Angst vor Spritzen, Autofahren oder Fahrstühlen).

Belege für die Rolle biologischer Faktoren bei Angststörungen bietet auch die Fähigkeit bestimmter Substanzen, Angstsymptome hervorzurufen oder zu dämpfen. Kernspintomographien zeigten in der Vergangenheit, dass Patienten, die an einer Zwangsstörung litten, verglichen mit normalen Gehirnen vielfältige Gehirnauffälligkeiten hatten. Sie hatten ein sehr verringertes Ausmaß an myelinisierten Nervenfasern. Bis heute versuchen Forscher den Zusammenhang zwischen diesen Gehirnauffälligkeiten und den Angststörungen aufzuklären.

Es wurde auch erforscht, wie oft eineiige Zwillinge an denselben Angststörungen erkranken (genetische Basis). Hervorzuheben ist, dass bei eineiigen Zwillingen das Risiko an der gleichen Angststörung zu erkranken doppelt so groß ist als bei zweieiigen Zwillingen.

Nur bei den Phobien zeigte sich kein genetischer Zusammenhang, da überwiegend der Einfluss von Umweltfaktoren beim Entstehen dieser Störung von Bedeutung ist.

2.3.2.2 Das psychodynamische Modell

Dieses Modell beginnt mit der Annahme, das die Symptome von Angststörungen (Versuche, sich vor psychischem Schmerz zu bewahren) durch zugrunde liegende psychische Konflikte oder Ängste ausgelöst werden. Konflikte im Unbewussten, die plötzlich in das Bewusstsein eindringen, führen demnach zu Panikattacken.

Ein Beispiel dazu:

Ein Kind unterdrückt jahrelang seinen Wunsch, den schwierigen Familienverhältnissen zu entkommen. Viele Jahre später wird auf einmal eine Phobie durch ein Objekt oder eine Situation ausgelöst, die eben diesen kindlichen Konflikt symbolisiert. Dieses Objekt könnte beispielsweise eine Brücke sein; ein Symbol für den Weg, den diese Person beschreiten muss, um von ihrer Familie in eine andere Welt zu gelangen. Der Anblick einer Brücke würde den Konflikt aus dem Unterbewusstsein in das Bewusstsein bringen und damit auch die Furcht und die Angst die zu einer Phobie gehört.

Vermeidet diese Person Brücken, wäre das ein symbolischer Versuch frei von Ängsten zu bleiben, die mit der Kindheit zusammenhängen.

Bei Zwangsstörungen wird die Angst nicht auf ein anderes Objekt übertragen. Zwangshandlungen werden als ein Versuch gesehen, Ängste, die durch einen verwandten, wesentlich gefürchteteren Wunsch oder Konflikt ausgelöst werden, zu ersetzen.

Dieser Ersatz vermittelt der betroffenen Person Erleichterung. Zwanghafte Beschäftigung erlaubt der Person auch, den eigentlichen Grund, der den unbewussten Konflikt hervorruft, zu vermeiden.

2.3.2.3 Das behavioristische Modell

Dieses Modell konzentriert sich auf die Art und Weise, in der Symptome der Angststörung verstärkt oder konditioniert werden. Es wird nicht nach Konflikten oder Erfahrungen gesucht die ihren Ursprung in der frühen Kindheit haben, da diese nicht direkt beobachtbar sind.

Behavioristische Theorien werden oft herangezogen, um die Entstehung von Phobien zu erklären. Wenn eine Mutter z.B. immer einen Schrei ausstößt, wenn das Kind sich einer Schlange nähert, könnte sich beim Kind eine Phobie gegen Schlangen entwickeln. Bereits der bloße Gedanken an eine Schlange kann nun Angst auslösen. Phobien werden durch die Vermeidung von angstauslösenden Situationen aufrechterhalten.

Zwangshandlungen entstehen, nach behavioristischer Ansicht, durch ihre angstreduzierende Wirkung.

Hat eine Person z.B. Angst vor der Berührung von Müll bzw. Schmutz, verringert das dauernde Waschen ihrer Hände ihre Ängste und wirkt dadurch als Verstärker. Zwangsstörungen werden durch die Angst reduzierende Wirkung der Zwangshandlungen aufrechterhalten.

2.3.2.4 Das kognitive Modell

Bei diesem Modell geht es um Wahrnehmungen und Einstellungen, welche die Einschätzung einer Gefahr durch eine Person verzerren. Das heißt, dass eine Person entweder die Gefährlichkeit einer Situation überschätzt, oder ihre eigenen Fähigkeiten, diese Situation zu bewältigen, unterschätzt.

Zum Beispiel kann eine Person, die eine soziale Phobie hat und eine Rede vor einer großen Anzahl von Menschen halten soll, ihre Ängste noch vergrößern. Sie fragt sich was passiert, wenn sie vergisst, was sie eigentlich sagen wollte. Sie stellt sich vor, dass sie wie ein Narr auf der Bühne stehen wird, nervös, zitternd, mit dünner Stimme und sie die Zuhörer belächeln.

Diese Reaktion löst einen Teufelskreis aus: Die oben genannte Person fürchtet eine Katastrophe. Dadurch nimmt die Angst zu und steigert damit die angstbezogenen Gefühle und Wahrnehmungen in der betreffenden Situation, was wiederum ihre ursprünglichen Befürchtungen bestätigt.

Dieser kognitive Ansatz wurde von Psychologen durch die Erfassung der sogenannten Angstsensibilität getestet. Die Angstsensibilität ist die Einschätzung von Personen, dass körperliche Symptome, wie Kurzatmigkeit oder Herzklopfen, schädliche Auswirkungen haben könnten.

Leute mit einer hohen Angstsensibilität machen sich große Sorgen, dass z.B. Herzklopfen zu einem Herzanfall führen kann. In einer amerikanischen Studie erfassten Forscher

Kadetten der U.S. Air Force Academy in der Grundausbildung. Bei den Kadetten, deren Angstsensibilität sehr hoch ausgeprägt war, erlitten etwa 20 Prozent während der ersten fünf Wochen Panikattacken, wogegen es nur 6 Prozent bei der restlichen Kadettengruppe waren.

Es wurde daraus die Erkenntnis gewonnen, dass manche Personen Panikattacken erleiden, weil sie ihre körperliche Erregung in ängstlicher Weise interpretieren.

Ängstliche Patienten tragen zur Aufrechterhaltung ihrer Angst bei, indem sie durch kognitive Verzerrung die Bedeutung des bedrohlichen Reizes hervorheben.

(vgl. Zimbardo/Gerrig, 2004, S.672ff)

Alle diese vorgestellten Modelle zur Erklärung von Angststörungen und die in Zukunft weiterführenden Forschungsarbeiten tragen dazu bei, dass Ursachen immer besser aufgeklärt und immer mehr Heilungsverfahren entwickelt werden.

2.4 Die Symptome der Angst

Angst zeigt sich bei den Betroffenen sowohl psychisch wie auch physisch. Oft bekommen diese Personen Brust- bzw. Herzschmerzen oder Schwindel und suchen einen Arzt auf. Häufig gehen diese Patienten jahrelang von einem Arzt zum anderen und versuchen ihre körperlichen Beschwerden abzuklären, bis erkannt wird, dass es sich um Angstzustände handelt, die dann entsprechend therapiert werden.

(vgl. Pelzer, 2009, S.26)

Die Symptome der Angst lassen sich in folgende Kategorien gliedern:

2.4.1 Körperliche Symptome

Körperliche Beschwerden können sehr vielfältig sein. Nachfolgend werden stichwortartig die häufigsten zusammengefasst:

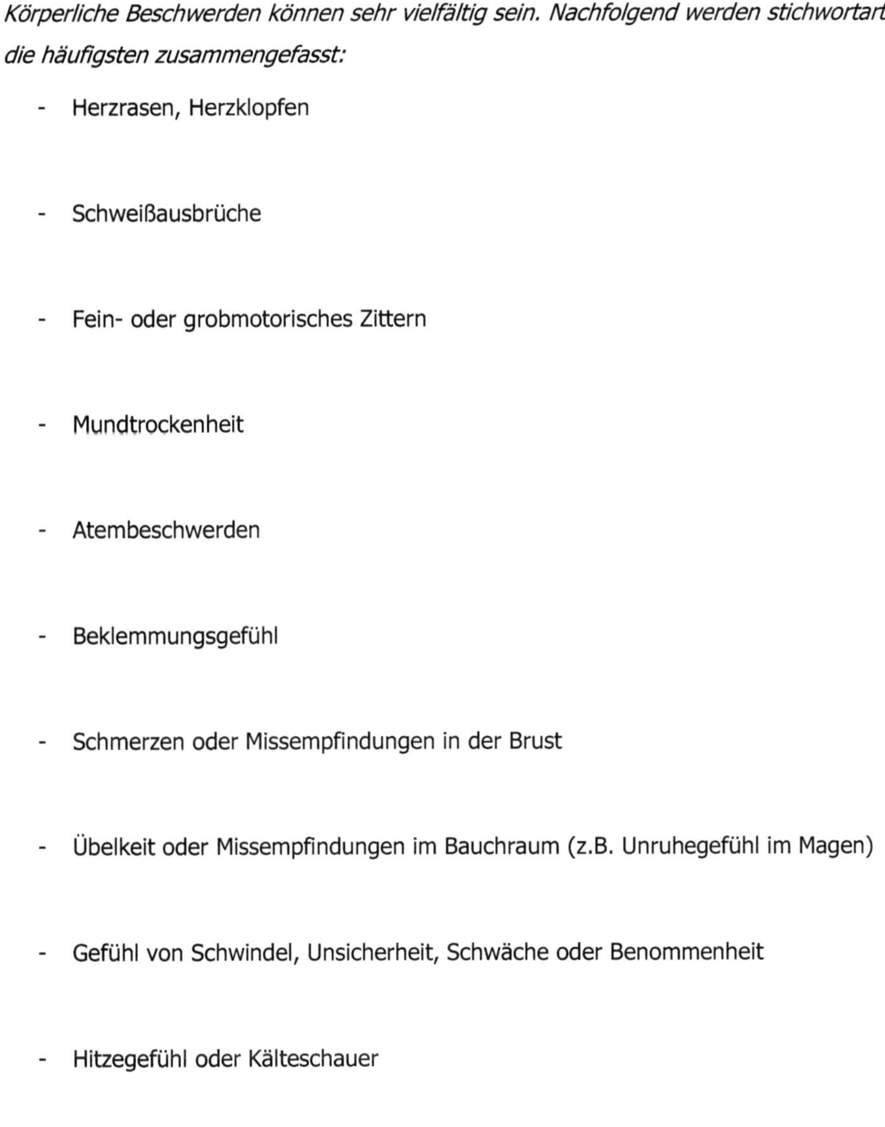

- Herzrasen, Herzklopfen
- Schweißausbrüche
- Fein- oder grobmotorisches Zittern
- Mundtrockenheit
- Atembeschwerden
- Beklemmungsgefühl
- Schmerzen oder Missempfindungen in der Brust
- Übelkeit oder Missempfindungen im Bauchraum (z.B. Unruhegefühl im Magen)
- Gefühl von Schwindel, Unsicherheit, Schwäche oder Benommenheit
- Hitzegefühl oder Kälteschauer
- Gefühllosigkeit oder Kribbelgefühle

- Kloßgefühl im Hals oder Schluckbeschwerden

- Muskelanspannung

(vgl. Morschitzky/Sator, 2009, S.34/S. 72))

Diese körperlichen Symptome finden ihren Ursprung im vegetativen Nervensystem. Nachlassen des sexuellen Verlangens kann ebenso ein weiteres Symptom sein wie Schluckbeschwerden oder der starke Drang zum Wasserlassen.

(vgl. Wolf, 2002, S.16)

2.4.2 Psychische Symptome

„Auf der kognitiven (gedanklichen) und der Verhaltensebene sind

- Ausgeprägte Vermeidungsmuster,

- Antriebsstörungen und

- „katastrophisierende" Gedanken

charakteristisch für eine behandlungsbedürftige Angsterkrankung."

(http://www.zwang24.de)

Auf der gedanklichen und gefühlsmäßigen Ebene geht es z.B. um die Furcht davor, die Kontrolle zu verlieren, einen Herzinfarkt zu erleiden oder zu sterben, aber auch um das Verhalten, das Betroffene in einer solchen Angstsituation zeigen. Sie wenden sich aus Angst ab, gehen kritischen Situationen aus dem Weg oder flüchten.

(vgl. Wittchen u.a., 1999, S.14)

Wolf (2002) gliedert diese Symptome in:

- *Veränderung in den Gefühlen:*

Die Betroffenen fühlen sich reizbar, angespannt und laufen rastlos umher. Sie sind unfähig sich zu entspannen, weinen und sind auch sehr oft depressiv.

- *Veränderung in den Gedanken:*

Die Betroffenen haben meistens Albträume, können sich nicht konzentriere. Ihre Gedanken kreisen ständig um die Angst bzw. die Gefahr und sie glauben, dass etwas Schlimmes passieren wird.

- *Veränderung im Verhalten:*

Die Betroffenen ziehen sich immer mehr von ihrer Umwelt zurück, haben sich vielleicht zwanghafte Rituale zugelegt, wie z.B. übermäßiges Essen, Trinken oder übermäßiger Medikamentenkonsum.

Schlaflosigkeit, häufiges oder frühes Aufwachen, Vermeidung oder Fluchtverhalten aus bestimmten Situationen zählen ebenso zu diesen Symptomen wie Ruhelosigkeit, hektische Betriebsamkeit oder permanente Erschöpfung.

(vgl. Wolf, 2002, S.16f)

Die genannten Symptome, körperliche und psychische, treten nicht immer gleichzeitig und gleich intensiv auf. Jedes Symptom spielt allerdings sowohl bei der Entstehung als auch bei der Aufrechterhaltung von Angst eine Rolle.

(vgl. Wittchen u.a., 1999, S.15)

Ängste verstecken sich hinter vielen Symptomen, die Außenstehende nicht immer auf Angst schließen lassen. Um diese genannten Symptome richtig zu interpretieren, müssen die Betroffenen genau und über einen längeren Zeitraum hinweg beobachtet werden. Das Verhalten nach außen hin reicht nicht aus, um eine Angststörung zu diagnostizieren.

(vgl. Rogge, 2007, S.24)

2.5 Formen der Angststörungen

Es gibt drei verschiedene Arten der Angststörung, die sich sehr voneinander unterscheiden:

- Generalisierte Angststörung, die ohne Behandlung jahrelang anhalten kann,

- Panikstörung bzw. Panikattacken, die ohne äußeren Anlass entstehen,

- Phobien (Agoraphobien, soziale Phobien, spezifische Phobien) sind Ängste, die durch bestimmte, jedoch ungefährliche Auslöser hervorgerufen werden.

Nachfolgend werden die drei Formen der Angststörung näher erklärt:

2.5.1 Generalisierte Angststörung

Die Betroffenen haben mindestens sechs Monate ein ständiges Gefühl der Ängstlichkeit, ohne dass dabei eine reale Bedrohung besteht. Die Person richtet ihre ganze Aufmerksamkeit auf die Quelle der Angst, ist nicht mehr in der Lage, sozialen oder beruflichen Verpflichtungen nachzukommen

Diese Ängstlichkeit bezieht sich z.B. auf unnötige Sorgen über die eigenen Finanzen oder aber auf den Gesundheitszustand geliebter Personen. Die Symptome der generalisierten Angststörung können sehr vielfältig sein. Es müssen für eine Diagnose aber mindestens drei Symptome auftreten, wie z.B. Muskelspannung, leichte Ermüdbarkeit, Ruhelosigkeit, Konzentrationsschwierigkeiten, Reizbarkeit oder Schlafstörungen.

Der Inhalt der Sorgen unterscheidet sich nicht von psychisch gesunden Personen, sehr wohl aber der Zeitrahmen und die Intensität der Befürchtungen.

Es zeigt sich häufig ein Kreislauf aus ängstlichen Vorstellungen, Grübeln über Lösungsmöglichkeiten und damit einhergehende Erregungszuständen (Was wäre, wenn...?).

(vgl. Morschitzky/Sator, 2009, S. 73f)

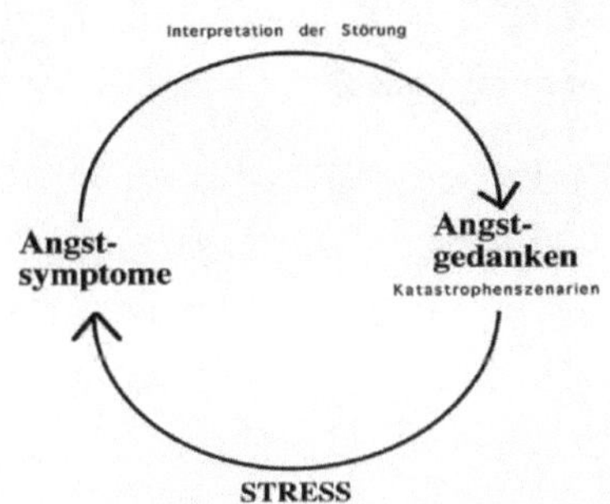

Abbildung 1: „Teufelskreis" der generalisierten Angststörung

2.5.2 Panikstörung

Panikattacken kommen schnell, plötzlich und meist ohne erkennbaren Anlass, die nur einige Minuten andauern.

Auch bei dieser Angststörung kommt es zu psychischen und physischen Symptomen. Die Betroffenen bekommen ein Gefühl starker Besorgnis, Furcht oder Schrecken, begleitet von Herzrasen, Schwindel, Benommenheit oder Erstickungsgefühlen.

Es gibt keinen konkreten Auslöser in der bestimmten Situation. Dadurch treten diese Attacken völlig unerwartet auf.

Von einer Panikstörung wird gesprochen, wenn wiederholt Panikattacken auftreten und die Person beginnt, sich andauernd Sorgen darüber zu machen, dass sie auch weiterhin von solchen Attacken befallen wird.

(vgl. Zimbardo/Gerrig, 2004, S.668)

Abbildung 2: Mögliches Verhalten während einer Panikstörung

Eine Panikattacke wird oft in folgenden oder ähnlichen Worten geschildert:

„Es kommt ganz plötzlich. Alles um mich herum sieht so verändert aus. Ich fahre im Auto und nehme die Gegend als unwirklich wahr. Alles ist zu hell. Ich stelle mich selbst in Frage. Bin ich hier oder wo bin ich? Ich befürchte, gleich einen Schlaganfall zu bekommen. Meine Wangen und Mundwinkel spannen. Meine Lippen kribbeln, mein Gesicht ist gefühllos. Meine Hände sind gefühllos. Ich erwarte voller Angst, gleich nicht mehr zu leben. Ich ändere sofort meine Richtung und fahre in die Nähe des Krankenhauses. Hier kann man mir helfen, wenn es schlimmer wird. Ich steige auf dem Parkplatz des Krankenhauses aus dem Auto. Nach ein paar Minuten geht es wieder besser."

(Pelzer, 2009, S. 24)

Bei Panikattacken müssen nicht, wie bei den anderen Angststörungen, mehrere Symptome auftreten. Die häufigsten Panikattacken bestehen nur aus ein oder zwei Leitsymptomen. Natürlich können auch mehrere Symptome, unterschiedlich stark, auftreten.

(vgl. Pelzer, 2009, S.26)

2.5.3 Phobien

Phobien sind „neurotische Zustandsbilder mit abnormer Furcht vor bestimmten Objekten oder spezifischen Situationen, die normalerweise diese Wirkung nicht haben würden."

(Remschmidt, 1987, S.220)

Es werden folgende drei Erscheinungsformen der Phobie unterschieden:

- *Agoraphobie:*

Im Volksmund wir die Agoraphobie auch als „Platzangst" oder als „Angst vor der Außenwelt" bezeichnet.

Die Betroffenen meiden es aus dem Haus zu gehen, da ihre Ängste in Situationen auftreten, die außerhalb ihrer eigenen vier Wände stattfinden.

Sie meiden öffentliche Plätze, Kaufhäuser, Reisen, Busse, große Menschenmengen usw. Wenn sie ihr Haus verlassen, achten sie darauf nie weit von ihrem zuhause entfernt zu sein, damit sie gegebenenfalls dorthin flüchten können.

Dem Agoraphobiker ist es meist schon während seines Fluchtverhaltens bewusst, wie irrational und sinnlos dieses Verhalten ist.

(vgl. Pelzer, 2009, S.31)

Diese Ängste schränken die betroffenen Personen in ihrem Leben sehr stark ein, im Extremfall verlassen sie nicht mehr ihre eigenen vier Wände.

Es gibt zweifelsfrei einen großen Zusammenhang zwischen einer Panikstörung und einer Agoraphobie. Beide Formen treten häufig in Verbindung miteinander auf. Einerseits können manche Menschen, die an Panikattacken leiden, aus großer Angst vor der nächsten Attacke ihre vier Wände nicht mehr verlassen, da sie sich außerhalb sehr hilflos fühlen, andererseits verlassen Menschen, die an Agoraphobie leiden, ihr Haus vielleicht doch noch, aber dies immer unter großer Angst.

- *Soziale Phobie:*

Menschen mit sozialen Ängsten haben die beständige und irrationale Angst, in öffentlichen Situationen zu versagen oder sich zu blamieren. Sie erkennen, dass die Ängste übertrieben und unbegründet sind, vermeiden Situationen aber trotzdem, in denen sie möglicherweise einem prüfenden Blick der Öffentlichkeit standhalten müssen.

Häufig erfüllen sich die ängstlichen Prophezeiungen der betroffenen Personen, da sie sich so sehr unter Druck setzen, dass dies ihr Leistungsvermögen negativ beeinflusst. Auch wenn sich in manchen Situationen die Prophezeiungen nicht erfüllen und diese Personen erfolgreich waren, heißt das nicht, dass dies zu einem positiveren Selbstbild führt.

(vgl. Zimbardo/Gerrig, 2004, S.668f)

Die soziale Phobie tritt häufig in Verbindung mit niedrigem Selbstwertgefühl und Furcht vor Kritik auf. Typische Symptome sind Erröten oder Zittern, die Angst zu erbrechen, Stuhl- oder Harndrang bzw. die Angst davor.

Die soziale Phobie ist neben der Agoraphobie die am häufigsten auftretende Angststörung. Die Betroffenen können sich auch vor denselben Situationen fürchten wie Agoraphobiker, jedoch aus anderen Gründen (unerträgliche soziale Beachtung und Beurteilung der eigenen Person).

Auch Kinder können bereits an einer sozialen Phobie leiden. Die häufigsten sind die „Schulphobie" bzw. die allseits bekannte „Prüfungsangst".

Bis eine soziale Phobie erkannt wird, können Jahrzehnte vergehen. Die Personen bezeichnen sich zunächst als sehr schüchtern und vermuten kein Krankheitsbild hinter den Symptomen.

(vgl. Morschitzky/Sator, 2000, S.64ff)

- *Spezifische Phobie:*

Die Ängste beziehen sich auf bestimmte Objekte oder Situationen. Eine phobische Reaktion tritt entweder bei dem tatsächlichen Zusammentreffen mit dem angstbesetzten Objekt oder schon beim Denken an eben dieses auf.

(vgl. Zimbardo/Gerrig, 2004, S. 669f)

Laut *Pelzer (2009)* sind der Wissenschaft bis jetzt rund 500 verschiedene spezifische Phobien bekannt.

Die Konfrontation mit dem phobischen Reiz bewirkt eine Angstreaktion, die bis zu einer situationsbedingten Panikattacke ausarten kann.

Auch hier erkennen die Betroffenen, dass ihre Angst übertrieben und unbegründet ist. Trotzdem werden die phobischen Situationen gemieden oder nur sehr schwer, unter starker Angst, ausgehalten.

Nachstehend werden einige Arten der spezifischen Phobie aufgezählt, differenziert nach verschiedenen Auslösern:

- *Tierphobien* entstehen oft schon in der Kindheit, da viele Tierarten in dieser Entwicklungsphase als gefährlich eingestuft werden (Hunde, Katzen, Pferde, Vögel, Schlangen, Mäuse, Insekten, Spinnen, Schnecken...).

- *Naturgewalten – Phobien:* So wird die Angst vor Naturereignissen bezeichnet (Gewitter, Donner, Blitz, Unwetter, Feuer). Diese Phobien sind nicht nur erlernt, sondern teilweise auch biologisch geprägt.

- *Blut – Injektionen – Verletzungs – Phobien:*

  Blut: Im Gegensatz zu allen anderen Phobien kann es hier zu einem schockbedingten Blutdruckabfall in Verbindung mit einer kurzfristigen Ohnmacht kommen.

  Verletzungen: Die Betroffenen haben vor allem Angst vor dem Sterben oder vor unerträglichen Schmerzen.

  Medizinische Geräte und Behandlungsmethoden: Nadeln, Spritzen, Infusionen, Operationen und bestimmte Untersuchungsmethoden (Gastroskopie, Lumbalpunktion) werden so gefürchtet, dass Behandlungen nur erschwert möglich sind.

- *Situative Phobien:*

  Geschlossene Räume bzw. Enge (Aufzug, Tunnel, Unterführung, Bergwerk, fensterloser Raum): Diese Phobie wurde früher auch Klaustrophobie genannt und löst Einengungsängste aus.

  Höhen: Typisch sind Ängste vor Brücken (Angst hinunterzufallen), Berggipfeln oder hohen Gebäuden, die durch fehlende Schwindelfreiheit verstärkt werden.

  Fliegen: Flugphobien (Aviophobien) finden sich bei rund 30 % der Bevölkerung, jeder zweite verspürt zumindest ein deutliches Unbehagen beim Fliegen. Flugangst-Patienten fürchten weniger das Abstürzen als die agoraphobische Eingeengtheit.

  Tiefe Wasser: die Angst vor dem Ertrinken ist hier vorrangig.

  Dunkelheit: Diese Phobie lässt sich evolutionsgeschichtlich als Angst vor Bedrohung durch unbekannte Gefahren erklären.

- *Andere spezifische Phobien:*

  Gegenstände (spitze Messer, Nadeln): Diese Ängste stehen sehr oft mit einer Verletzungsangst in Verbindung.

Lärm und Geräusche: überraschende und unidentifizierbare Geräusche lösen Schreckreaktionen aus.

Wasserlassen und Stuhlgang: Angst davor, auf öffentlichen Plätzen oder in öffentlichen Gebäuden diesem Drang nachzukommen.

Prüfungssituationen: Prüfungsangst (Misserfolgsangst) wirkt leistungsmindernd.

Schulangst: Psychoanalytiker unterscheiden zwischen *Schulphobien* (Schulverweigerung wegen eines Trennungskonflikts von der Mutter) und *Schulangst* (Schulunlust aus Angst vor der Schule und den Lehrern). Derartige Ängste sind primär Ausdruck einer sozialen Phobie im Kindesalter.

Erröten: Die Angst vor dem Erröten (Erythrophobie) beeinträchtigt das Wohlbefinden in sozialen Situationen. Sofern keine soziale Phobie gegeben ist, ist das Erröten Ausdruck einer schreckbedingten Gefäßweitstellung (andere dagegen erblassen).

Schmutz und Bakterien: Häufig kommt es in der Folge davon zu Zwangshandlungen (Waschen und Reinigen), wenn die Verunreinigung unvermeidlich erscheint.

(vgl. Morschitzky/Sator, 2009, S.59f)

3 ANGST IM SPORTUNTERRICHT

In meiner literarischen Forschung war es sehr schwierig, geeignete Literatur zu diesem Thema zu finden. Nach langer Suche entdeckte ich eine Zeitschrift aus dem Jahr 1992, die sich ausschließlich dem Thema Angst widmete. Außerdem las ich in einigen sportpsychologischen Ratgebern, in denen ich aber hauptsächlich etwas über das Thema „Angst im Leistungssport" herausfinden konnte.

Schlussendlich fand ich zu meinem Themenheft „Sportpädagogik" noch ein Fachbuch, welches mir ermöglichte, das Thema Angst im Sportunterricht genau zu durchleuchten.

Spannung, Unruhe, Stress und Angst begegnen uns in vielen Lebensbereichen, so auch im Sportunterricht. Schulstress, Schulunlust und Leistungsversagen begegnen uns täglich in den Schulen und sind uns ausreichend bekannt. Aber auch im Sportunterricht kommt es sehr häufig zu Angstzuständen der Schüler. Angst kann auch als positiv empfunden werden, wenn wir vor einer neuen Herausforderung stehen, eine Spannung aufgebaut wird und sie sich nach der Bewältigung der Aufgabe wieder löst. Ein Schüler steht z.B. das erste Mal auf dem Drei-Meter-Brett und soll einen Kopfsprung machen. Im Körper fängt es an zu kribbeln, er empfindet Angst. Der Schüler überwindet diese, springt ins Wasser und empfindet danach großen Stolz aufgrund seiner erbrachten Leistung.

Nachfolgend wird in dieser Arbeit aber auf die negative, angstbesetzte Thematik eingegangen. Hierbei empfinden die Schüler Angst als eine Bedrohung, als ein Gefühl, die angstbesetzte Situation nicht bewältigen zu können.

Wird Sport über einen längeren Zeitraum hinweg als negativ und qualvoll empfunden, führt dies dazu, dass auf Dauer die positiven Erlebnisqualitäten von Bewegung, Spiel und Sport verschlossen bleiben. Betroffene Schüler zeigen in der Regel nur wenig oder gar keine Bewegungsfreude. Ihre Angst führt zu Störungen in der Bewegungskoordination und erschwert das Erlernen sportlicher Bewegungsmuster. Dadurch wird das Risiko von schmerzhaften Verletzungen größer und verstärkt die Angst.

Auch die soziale Anerkennung unterscheidet sich zwischen den sportlichen und den angstbesetzen Kindern. Sie werden seltener als Partner oder als Mannschaftsmitglied gewählt und akzeptiert.

(vgl. Klupsch-Sahlmann/Kottmann, 1992, S.7ff)

3.1 Entstehung bzw. Formen von Sportangst

Damit die Lehrer den Sportunterricht so gestalten können, dass Ängste überwunden werden, müssen sie das Angstverhalten erkennen und die Ursachen geklärt sein.

Es gibt folgende fünf Ursachen für Sportangst:

- *Angst vor Verletzung und körperlichem Schmerz:*

Eine Übung wird nicht oder nur zögerlich gemacht, weil der Schüler Angst hat sich zu verletzen. Hier muss das Vertrauen in sich selbst und in die Sicherung durch die Lehrperson gestärkt werden.

- *Angst vor Versagen:*

Angst vor Versagen entsteht vorrangig durch unnötigen Leistungsdruck durch die Lehrperson (Leistungsvergleich, häufige Bewertung der Bewegungsleistungen). Auch die Missachtung der allgemeinen Methodik (vom Einfachen zum Schwierigen) können diese Versagensängste noch schüren.

Jeder Schüler braucht Erfolgserlebnisse. Der Pädagoge muss Situationen schaffen, in denen es allen Kindern möglich ist solche Erlebnisse zu erfahren.

- *Angst vor Blamage:*

Angst vor Blamage entsteht, wenn der betroffene Schüler schon einmal die Erfahrung gemacht hat, dass er oder ein Mitschüler nach einer missglückten Übung von den Mitschülern ausgelacht wurde, oder er Angst hat, mit seiner Leistung dem Sportlehrer oder seinen Eltern nicht zu genügen. Die Lehrperson sollte darauf achten, dass die Kinder sich untereinander Mut machen und sich nicht auslachen. Kommt es dennoch zu einer Situation wo ein Mitschüler verspottet wird, soll auf die Reaktion eingegangen werden.

(vgl. K Klupsch-Sahlmann/Kottmann, 1992, S.11)

Ebenso können Schüler Angst vor Blamage aufgrund ihrer Körperstatur bzw. ihres Gewichtes empfinden. Übergewicht geht sehr oft mit geringem Selbstwertgefühl einher. Diese Kinder haben ein schlechteres Allgemeinempfinden, sind meist weniger beweglich und haben eine schlechtere Grundkondition. Dies sind alles Faktoren, die die Kinder unsicher werden lassen. Natürlich bleibt das „mangelnde Sporttalent" den Mitschülern auch nicht verborgen.

- *Angst vor Unbekanntem:*

Damit die Schüler neue Bewegungsformen lernen, müssen sie sich zunächst unbekannten Situationen stellen. Die Lehrperson hat nun die Aufgabe Bekanntes und Unbekanntes miteinander zu verknüpfen, um den Schülern Lust auf Neues zu machen. Das Bekannte gibt die Sicherheit, das Unbekannte ist die zu überwindende Herausforderung.

(vgl. Klupsch-Sahlmann/Kottmann, 1992, S.11)

- *Angst vor Konkurrenz:*

Die Lehrperson muss eine Unterrichtssituation schaffen, die die Kinder nicht motiviert ihre Leistungen zu vergleichen. Konkurrenz entsteht, weil die Schüler im Sportunterricht vermeintlich objektive Anforderungen erschaffen, denen sie bald unter Druck ausgesetzt sind, obwohl sie sie selbst mitbestimmt haben.

Der Schüler setzt sich den Erwartungshaltungen der Mitschüler aus, die für ihn eine bestimmte Rollenerwartung haben.

Die Konkurrenzangst kann sich sowohl positiv als auch negativ äußern und ist direkt von der Persönlichkeit des betreffenden Schülers abhängig (Ansporn oder Hemmung).

(vgl. Andreas, Bartl u.a., 1976, S.72)

Angst vor Versagen, Blamage, Unbekanntem und Konkurrenz sind sogenannte soziale Ängste, wogegen die Angst vor Verletzung gesundheitliche Aspekte anspricht.

3.2 Äußerungsformen der Sportangst

Es reicht nicht, nur die verschiedenen Formen der Sportangst zu kennen, der Sportpädagoge muss sie auch erkennen können. Dafür ist ein theoretisches Wissen über die Äußerungen der Sportangst notwendig.

Hier sind drei unterschiedliche Reaktionsformen zu unterscheiden:

3.2.1 Emotionale Reaktionen

- „Bockiges, störrisches" Reagieren.

- Formen aggressiven Verhaltens (Stören des Unterrichts, Ärgern, Schubsen und Stoßen anderer Schüler).

- Auffälliges, der Situation nicht angemessenes Verhalten (z.B. ohne besonderen Grund weinen, unangemessenes Lachen, Kichern, Sich-über-etwas-lustig-Machen).
- Verschiedene Formen eines Fluchtverhaltens (Vergessen der Sportkleidung, Vortäuschen von Verletzungen, Vorlassen anderer Kinder, häufiges Sich-Anbieten als Helfer).

- Verweigerung der Bewegung.
- Ablehnung des Unterrichtsthemas.
- Behinderung der Mitschüler am Lernprozess.

3.2.2 Physische Reaktionen

- Erröten oder Erbleichen, Zittern, Übelkeit, Kopf- und/oder Magenschmerzen.
- Verkrampfungen (Hochziehen der Schultern oder In-Sich-Zusammenfallen).
- Schnelleres Atmen, erhöhte Pulsfrequenz.
- Schweißausbrüche, insbesondere feuchte Hände.

3.2.3 Motorische Reaktionen

- Allgemeine motorische Unruhe, nervöses Trippeln mit den Beinen, Herumspielen mit den Fingern.
- Mehrmaliges Ansetzen zu einer Bewegung.
- Plötzliches Abbremsen vor der eigentlichen Bewegungsausführung, Verweigerung.
- Ruckartige, eckige Bewegungen.

- Plötzliches Sich-Zusammen-Kauern während der Bewegungsausführung.

- Auffällige, sonst nicht mehr zu beobachtende Störungen in der Bewegungskoordination.

- Auffällig häufiges Wiederholen einer vorbereiteten Übung, die eigentlich schon beherrscht wird.

- Rückfall in Bereiche eines schon lange abgeschlossenen Stadiums des Könnens.

(vgl. Klupsch-Sahlmann/Kottmann, 1992, S.12f)

Das Hauptproblem ist nicht die Angst selbst, sondern die fortwährende Konzentration auf diese und deren Begleiterscheinungen. Dadurch kommt es zum Abzug von Aufmerksamkeitskapazitäten von einer effektiven Handlungskontrolle.

(vgl. Schack, 1997, S.57)

4 ANGSTBEWÄLTIGUNG UND PRÄVENTION IM SPORTUNTERRICHT

Als Leitziel des Sportunterrichts wird die Entwicklung sportlichen Könnens angesehen. Vor allem, wenn durch Angst die Eigenaktivität der Schüler eingeschränkt ist, muss es um die Entwicklung von sportlichen und selbstregulativen Können gehen.

Nachdem das Thema „Angst im Sportunterricht" in den vergangenen Kapiteln theoretisch durchleuchtet wurde, behandelt das folgende Kapitel die Thematik praktisch im Unterrichtsfach „Bewegung und Sport" der Volksschule.

Die gesetzliche Grundlage der Schulpädagogik, der Lehrplan, beinhaltet Zielsetzungen zum körperlichen und zum seelischen Wohlbefinden der Schüler.

4.1 Gesetzliche Grundlagen

4.1.1 Didaktischer Lehrplanbezug

Die didaktischen Grundsätze des Faches „Bewegung und Sport" zeigen den Lehrkräften Merkmale eines kind- und grundschulgerechten Unterrichts.

„Tragender Leitgedanke für die Unterrichtsgestaltung ist es, den Kindern bewegungsreiche, freuderfüllte, leistungsbetonte und sicherheitsorientierte körperliche Aktivitäten zu ermöglichen. Bei der Unterrichtsplanung ist insbesondere das motorische und soziale Entwicklungs- bzw. Leistungsniveau zu berücksichtigen. Der Unterricht soll grundsätzlich in dafür vorgesehenen Übungsstätten (Turnhalle, Freiplatz, Schwimmbad ...) abgehalten werden. Grundsätzlich sollte der Unterricht in gleichmäßig aufgeteilten Einzelstunden vorgesehen werden. Die Teilnahme an Spielfesten, Sportfesten und schulbezogenen Veranstaltungen soll als Bereicherung von Bewegung und Sport weitere Möglichkeiten der Motivation und der Kommunikation schaffen. Haltungs- und

Bewegungserziehung wie auch die Gesundheitserziehung (Körperpflege – z.B. Duschen nach der Turnstunde; Hygiene – z.B. saubere und zweckmäßige Turnkleidung, Ernährung ...) sind im Hinblick auf Anbahnung eines positiven Körperbewusstseins aufzufassen.

Hinweise zu den einzelnen Teilbereichen:

- *Motorische Grundlagen*

Das Anbahnen, Verbessern und Erhalten der motorischen Grundlagen ist als wesentliche Voraussetzung für das Lernen in den weiteren Teilbereichen anzusehen.

- *Grundtätigkeiten*

Auf das vielfältige und möglichst bewegungsreiche Erleben der einzelnen Grundtätigkeiten ist im Bereich der Grundstufe I besonders zu achten, um den Schülern das Erreichen weitergesteckter Lernziele in den verschiedenen Teilbereichen in der Grundstufe II zu ermöglichen. Die Grundtätigkeiten sollen als Ausdrucks- und Gestaltungsmittel herangezogen und für die Entwicklung der Kreativität neben der Interaktionsfähigkeit schwerpunktmäßig beachtet werden.

- *Leichtathletik*

Der Unterricht in diesem Bereich soll nach Möglichkeit im Freien durchgeführt werden. Stehen an der Schule keine Leichtathletikanlagen zur Verfügung, sollen Anlagen in zumutbarer Entfernung wenigstens fallweise benützt werden; jedenfalls sind einzelne Übungsbereiche entweder in geeigneten Freianlagen (Spielplatz, Schulgarten ...) oder im Turnsaal zu berücksichtigen.

- *Geräteturnen*

Bei der Wahl der Inhalte oder bei der Wahl des Schwierigkeitsgrades einer Übung soll den Kindern ein angemessener Spielraum für eigene Entscheidungen gelassen und damit ihr Selbsteinschätzungsvermögen entwickelt werden.

- *Spiele*

In der Grundstufe I kommen dem Spiel und spielerischen Übungsformen im Hinblick auf motivierendes, entdeckendes, kreatives und angstfreies Lernen besondere Bedeutung zu. In der Grundstufe II können auch genormte Vorformen der Sportspiele (zB Minibasketball, Minifußball), auch unter Berücksichtigung der Teilnahme an schulbezogenen Veranstaltungen, vorgesehen werden.

- *Tanzen*

Die Unterrichtsgestaltung sollte in Verbindung mit den Teilbereichen Musikerziehung, Deutsch und Bildnerische Erziehung geschehen.

- *Schwimmen*

Das Erlernen des Schwimmens soll, wenn nötig, durch Einrichtung eigener Lehrgänge (Kurse innerhalb des Pflichtgegenstandes, unverbindliche Übungen bzw. Schulschwimmwochen) ermöglicht werden.

- *Skilauf, Eislauf*

Werden Lehrgänge im Skilauf, Eislauf oder Schwimmen erst im Verlauf der Grundstufe II begonnen, so sind zunächst sinngemäß die Inhalte der Grundstufe I heranzuziehen.

- *Wandern*

Wandern wird im Allgemeinen mit ein Inhalt von Schulveranstaltungen (z.B. Wandertag, Schullandwoche, Schulsportwoche) sein. Bei Wanderungen im Rahmen des Pflichtgegenstandes Bewegung und Sport soll auf die Dauer einer Unterrichtsstunde Bedacht genommen und nur in Ausnahmefällen sollen Unterrichtsstunden zusammengezogen werden."

(Lehrplan der Volksschule, 2005, S. 212f)

Wenn wir uns die didaktischen Grundsätze durchlesen, finden wir einige Faktoren, die in den vorherigen Kapiteln schon besprochen wurden und sehr relevant für den gesunden Umgang mit Angst sind (z.B. Berücksichtigung des individuellen Leistungs- und Entwicklungsniveaus, Fördern der Selbsteinschätzung usw.)

4.1.2 Bildungs- und Lehraufgabe

„Der Unterrichtsgegenstand Bewegung und Sport hat die Aufgabe, durch einen vielfältigen und bewegungsintensiven Unterricht zu einer umfassenden Persönlichkeitsentfaltung beizutragen, den Schüler individuell zu fördern, Schäden vorzubeugen und vorhandene Schwächen abzubauen.

Der Unterrichtsgegenstand Bewegung und Sport soll durch

- Steigerung der Kooperationsbereitschaft und Interaktionsfähigkeit,

- Steigerung der Ausdrucks- und Gestaltungsfähigkeit (Kreativität),

- Steigerung der Gefühlssprechbarkeit (Emotionalität)

zu sozialer Verantwortung gegenüber dem Mitmenschen und der Umwelt erziehen und zur Selbstentfaltung und Selbstfindung des jungen Menschen beitragen.

Der Unterrichtsgegenstand Bewegung und Sport hat daher die Fähigkeit zum Bewegen, zum Spielen, zum Leisten und zu gesunder Lebensführung beim Schüler durch folgende Zielsetzungen zu entwickeln:

- Hinführen zum elementaren Erleben der Bewegung und des Körpers (Körperbewusstsein).

- Fördern eines vielfältigen Bewegungskönnens in alltäglichen und sportmotorischen Handlungsfeldern.

- Verbessern der koordinativen Grundlagen der Bewegung.

- Anregen, sich durch Bewegung auszudrücken und Bewegung zu gestalten.

- Entwickeln eines vielseitigen Spielkönnens und Wecken der Bereitschaft zum spontanen Spielen mit Gegenständen, Elementen, Personen und Situationen.

- Vermitteln vielfältiger Spielideen und –formen und Anbahnen der Fähigkeit, Spielvereinbarungen und Spielregeln anzuerkennen, situativ abzuändern oder neu zu entwickeln.

- Entwickeln des Leistungswillens und der motorischen Leistungsfähigkeit (Leistungsbreite, Leistungsverbesserung).

- Anregen zu gesundheits- und sicherheitsbewusstem Verhalten und zu sinnvoller Freizeitgestaltung.

- Anbahnen einer verantwortlichen und kritischen Haltung zu den Auswirkungen des Sports auf das Individuum, die Gesellschaft und die Umwelt."

(Lehrplan der Volksschule, 2005, S.195)

Die Bildungs- und Lehraufgaben zeigen uns die durchzuführenden Inhalte, die das Unterrichtsfach „Bewegung und Sport" fordert. Die Lehrkräfte sind verpflichtet, das bestmöglichste zu geben, um diese Aufgaben zu erfüllen.

4.2 Angstabbau bzw. Angstbewältigung und Prävention

Die Grundvoraussetzungen, damit die Lehrperson mit dem Angstabbau im Sportunterricht beginnen kann, sind zum einen das Erkennen der Angst und ihre Ursache und zum anderen die Kinder mit ihrer Angst anzunehmen und ihnen ein Gefühl der Wärme und des Verständnisses zu vermitteln.

Aber auch die Schüler versuchen durch erlernte Strategien von ihrer Angst abzulenken bzw. sie zu verheimlichen.

Der folgende Unterpunkt behandelt einige häufige, subjektive Schülerstrategien zur spontanen Angstbewältigung.

4.2.1 Strategien der Schüler zur spontanen Angstbewältigung

Die Autoren Klupsch-Sahlmann und Kottmann geben in ihrem Artikel vier Strategien der Schüler an, mit denen sie auf ihre Angstzustände spontan reagieren:

- Die Schüler versuchen verstärkt Kontrolle in Situationen auszuüben, wo sie Angst wahrnehmen, um so Risiken zu verringern. Sie laufen z.B. langsamer, wenn sie vor den zu überwindenden schmalen Stiegen Angst haben, oder stellen sich am Spielfeld extra an den Rand, damit sie beim Ballspielen nicht abgeschossen werden.

- Die Schüler versuchen die angstbesetzten Situationen zu verdrängen oder zu vermeiden, da sie wissen, dass sie ihre Angst in dieser Situation nicht in den Griff bekommen. Betroffene Schüler berichten, dass sie sich vor einer Übung vorstellen keine Angst zu haben, sich bemühen nicht dran zu kommen oder es schnell hinter sich zu bringen.

- Die Schüler haben zwar große Angst, versuchen aber mit den ihnen zur Verfügung stehenden Fähigkeiten diese Situation zu meistern. Das Ziel für diese Schüler ist es, die Angst zu überwinden bzw. mit der Angst in der Situation fertig zu werden.

- Die Schüler sprechen über ihre Ängste und bewirken somit eine Verringerung des unangenehmen Gefühls. Das Auseinandersetzen mit der Angst beginnt, das Sprechen darüber wird als sehr positiv empfunden. Meistens sind die Ansprechpartner gute Freunde, zu denen die Betroffenen großes Vertrauen haben und von denen sie nicht aufgrund ihrer Ängste ausgelacht oder gehänselt werden.

(vgl. Klupsch-Sahlmann/Kottmann, 1992, S.47)

Bei der Literaturrecherche fand ich im Buch „Angst und Angstbewältigung" eine Liste, die spontane Angstbewältigung der Schüler kurz in folgenden Punkten zusammenfasst:

- *Konfrontative Bewältigung:*

Die Schüler versuchen, die für ihre Angst vermeintlich verantwortliche Person zu einem anderen Verhalten zu bringen.

- *Distanzierung:*

Die Schüler verändern ihr Verhalten nicht, machen weiter als ob nichts passiert wäre.

- *Selbstkontrolle:*

Die Schüler versuchen ihre Angstgefühle für sich zu behalten.

- *Suche nach sozialer Unterstützung:*

Wie schon vorher erwähnt, sprechen diese Schüler mit einer Vertrauensperson über ihre Ängste.

- *Anerkennen von Verantwortlichkeit:*

Die Schüler erkennen, dass sie selbst die Angst und das daraus resultierende Problem verursacht haben.

- *Flucht-Vermeidung:*

Diese Schüler hoffen in den angstbesetzten Situationen auf ein Wunder.

- *Planvolles Problemlösen:*

Die Schüler entwickeln vorher einen Plan, wie sie sich in den Situationen verhalten werden und agieren danach.

- *Positive Neueinschätzung:*

Die Schüler machen die Erfahrung, dass sie nach bereits überwundenen, ängstlichen Situationen ein besseres Gefühl haben.

(vgl. Krohne, 1996, S.88)

Damit die Schüler ein Verständnis für ängstliche Mitschüler entwickeln müssen sie begreifen, dass Angst viele Ursachen haben kann, sich unterschiedlich äußert und jeder damit anders umgeht. Außerdem muss die Bereitschaft entwickelt werden, die eigene Angst sich selbst wie auch seinen Mitmenschen gegenüber einzugestehen. Der Lehrer soll die Schüler für das Erkennen und Akzeptieren sensibilisieren und somit dazu beitragen, dass Angst vermindert wird bzw. Lösungen gemeinsam gesucht werden.

(vgl. Klupsch-Sahlmann/Kottmann, 1992, S.14)

4.2.2 Verhalten des Lehrers im Sportunterricht

Die Pädagogen haben in ihrem Unterricht in Bezug auf die Ängste der Schüler zwei Aspekte zu berücksichtigen. Zum einen den gesundheitlichen Aspekt und zum anderen den gesundheitserzieherischen Aspekt.

Der gesundheitliche Aspekt verlangt vom Lehrer den Sportunterricht so zu gestalten, dass Angst so weit wie möglich nicht entstehen kann.

Der gesundheitserzieherische Aspekt bringt die Forderung, dass die Schüler zu einem Umgang mit angstbesetzten Situationen befähigt werden. Dabei werden die situativen Bedingungen wie auch die individuellen Bedürfnisse und Fähigkeiten berücksichtigt. (vgl. Klupsch-Sahlmann/Kottmann, 1992, S.9)

Das oberste Ziel des Lehrers soll demnach nicht sein, eine Angstfreiheit schaffen zu wollen, sondern ein kompetentes und gefahrengerechtes Handeln im Sportunterricht anzuregen.

(vgl. Schack, 1997, S.11)

Viele Pädagogen neigen dazu das Vermeidungsverhalten von Schülern zu tolerieren, damit sie sich nicht wiederholt mit den angstbesetzten Bewegungsanforderungen auseinandersetzen müssen. Diese Strategie wirkt aber nur im Moment positiv auf den Schüler ein. Kommt er später noch einmal in die gleiche oder eine ähnliche Situation, verstärkt sich diese Angst, da sie mit keinerlei positiven Gefühlen verbunden ist.

Allgemein kann über das Verhalten der Pädagogen im Sportunterricht folgende Auflistung getroffen werden:

- „Sicherstellen einer grundlegenden motorischen Ausbildung.

- Berücksichtigung sachgerechter methodischer Verfahrensweisen.

- Eingehen auf den individuellen Entwicklungsstand der Kinder und Jugendlichen.

- Wahl sach- und adressatengerechter Bewegungsformen und Materialien.

- Sicherstellen von ausreichender Übungszeit, bevor neue Leistungsanforderungen gestellt werden.

- Berücksichtigung des Prinzips „Anknüpfen an Bekanntes" bei der Bestimmung des Unterrichtsprozesses.

- Treffen der erforderlichen Sicherheitsmaßnahmen (Überprüfung der Geräte, Absicherung der Übungsstelle).

- Eingehen auf Fluchtverhalten, Reagieren auf Verweigerungen.

- Verhindern, dass sich Schüler in angstbesetzten Bewegungssituationen nicht beteiligen.

- Schaffen von Möglichkeiten zu einer Neubewertung der Bewegungssituation, z.B. durch Veränderung des Geräteaufbaus (Niedersprungmatte statt normaler Matte), durch die Wahl anderer Spielmaterialien (z.B. Softball statt Volleyball) oder durch die Betonung eines auf die individuellen Möglichkeiten und Fähigkeiten der Schüler bezogenen Leistungsanspruchs."

(Klupsch-Sahlmann/Kottmann, 1992, S.13f)

Diese Verhaltensgrundsätze haben sowohl eine angstbewältigende, wie auch eine angstbezogene präventive Wirkung.

Die Lehrpersonen müssen darauf achten, dass sie nicht nur die Symptome kurieren, sondern dass die Angst grundsätzlich behandelt wird. Die pädagogische Zielsetzung soll die Befähigung der Schüler sein, mit ihrer Angst umzugehen und selbstgesteuert, situations- und personenbezogen in diesen angstbesetzten Situationen zu handeln.

Die pädagogische Zielsetzung wird umso besser erreicht werden, wenn die Lehrperson auch unterrichtskonzeptionelle und in seiner Person selbst liegende Faktoren im Hinblick auf mögliche Ursachen der bestehenden Angst betrachtet.

4.2.3 Techniken zum Angstabbau im Sportunterricht

Wissenschaftler und Psychologen, die sich auf die Sportangstforschung spezialisiert haben, empfehlen die Nutzung verschiedener verhaltenstherapeutischer und kognitiv-verhaltenstherapeutischer Techniken zum Angstabbau im Sport allgemein, wie auch im Schulfach Bewegung und Sport.

(vgl. Schack,1997, S.200)

In meiner sehr zeitintensiven Literaturrecherche stieß ich auf einige verschiedenartige Vorschläge zum Angstabbau im Sportunterricht. Schlussendlich entschied ich mich für die Techniken nach *Schack*, der sowohl auf psychische, als auch auf physische Komponenten bei der Angstreduktion eingeht.

Die Techniken, die in dieser Arbeit näher vorgestellt werden, sind:

- Entspannungsverfahren
- Systematische Desensibilisierung
- Verstärkung/positive Bekräftigung
- Selbstinstruktionen
- Modelllernen

(vgl. Schack, 1997, S.13)

Techniken sollen zeigen, wie bestimmte Ziele erreicht werden und geben dazu eine entsprechende Weise des Handelns vor.

Im Sportunterricht muss zunächst eine *Orientierungsgrundlage* geschaffen werden. Das Phänomen Angst wird von der Lehrperson am Anfang der Unterrichtseinheit zum zentralen Thema gemacht. Es wird den Schülern vermittelt, dass es „normal" ist Ängste zu haben und dass sie lernen sollen, mit dieser Angst umzugehen.

Der Lehrer vermittelt nach und nach kindgemäß folgende Gesichtspunkte:

- Angst hat auch positive, schützende Seiten.

- Jeder Mensch hat Angst und soll diese in gewissen Grenzen akzeptieren.

- Der ängstliche Schüler muss sich seiner Angst dann zuwenden, wenn er merkt, dass sie ihn in gewissen Situationen zu sehr hemmt.

- Es gibt Möglichkeiten, sich in gewissen Situationen selbst zu steuern.

Solche Informationen werden, wie bereits erwähnt, immer wieder vor den Unterrichtseinheiten den Schülern vermittelt. Schon bald sollte die Basis geschaffen werden, um ein zweckmäßiges Handlungskonzept zu erschaffen.

(vgl. Schack, 1997, S.60f)

Nachstehend werden die einzelnen Techniken und ihr Einsatz im Sportunterricht theoretisch erklärt.

In dem nachfolgenden Punkt wird dann intensiver auf die Praxis eingegangen.

4.2.3.1 Entspannungsverfahren

Wenn die Schüler verschiedene Entspannungstechniken beherrschen, lernen sie angestrebte Wirkungen selbst herbeizuführen. Dadurch erleben sie eine gewisse Kontrolle über ihr eigenes Handeln.

Eine Technik ist z.B. das Anspannen von einzelnen Muskelpartien nach Zählzeiten. Die Schüler erleben, dass sie willkürlich eine Muskelspannung halten können.

Danach erfolgt die totale Entspannung nach Aufforderung der Lehrperson. Die Kinder nehmen die Muskelentspannung im Vergleich zur Anspannung wahr.

Ziel dieser Technik ist es, Entspannungsphasen selbst herbeiführen zu können.

Es ist der Lehrperson zu empfehlen, während der Übung sprachliche Impulse zu setzen („Stellt euch einen Ort vor, wo ihr sehr entspannt seid.").

Diese Entspannungstechnik bietet sich vor allem am Ende der Unterrichtseinheit als sanfter Ausklang an.

4.2.3.2 Systematische Desensibilisierung

Die Systematische Desensibilisierung ist den methodischen Prinzipien der methodischen Reihung der Lernschritte im Sportunterricht sehr ähnlich (vom Einfachen zum Schwierigen).

Um die systematische Desensibilisierung anzuwenden müssen zuerst zwei Voraussetzungen geschaffen werden:

- Entspannungstraining und

- Erstellen einer Angsthierarchie.

Es wird mit der am wenigsten angstbesetzten Situation begonnen. Zuerst soll sich der Schüler diese Situation nur vorstellen. Kommt es nun zu einer angstbegründeten Anspannung, soll das Kind sich selbst mittels einer vorher erlernten (siehe 4.2.3.1.) Entspannungsübung wieder in einen angenehmen Gefühlszustand bringen.

Dieses Entspannungsverfahren soll der Schüler in Folge immer dann einsetzen, wenn er einen negativen Erregungszustand empfindet.

Nach der Entspannungsphase stellt sich der Schüler nun wieder die unangenehme Situation vor, danach entspannt er sich wieder. Diese Abfolge wird 4 – 5mal wiederholt. Nun kann sich der Schüler die angstbesetzte Situation entspannt vorstellen. Es kann dem Kind auch helfen über die angstbesetzte Situation mit einer Vertrauensperson zu sprechen.

Der nächste Schritt ist das Anwenden der systematischen Desensibilisierung in einer entsprechenden Situation, nicht mehr nur in der Vorstellung.

Das Ziel der systematischen Desensibilisierung ist es, einen Entspannungszustand immer dann zu erreichen, wenn der Schüler in einer Situation Angst verspürt. Dadurch werden die Ängste immer weiter abgebaut.

(vgl. Schack,1997, S.65ff)

4.2.3.3 Verstärkung/positive Bekräftigung

Die Technik der positiven Verstärkung liegt der behavioristischen Lerntheorie zugrunde. Angst soll durch den gezielten und systematischen Einsatz positiver Verstärkung seitens des Lehrers oder der Mitschüler verringert bzw. abgebaut werden.

(vgl. Strittmatter, 1997, S.159)

Bei dieser Technik schafft der Lehrer zunächst eine Situation, wo allen Schülern Erfolgserlebnisse garantiert werden. Der Pädagoge unterstützt sie durch verbale Äußerungen bei den Übungen.

Durch die verbale Unterstützung (positive Verstärkung) werden die Schüler, auch die ängstlichen, motiviert und lernen ihre Aufmerksamkeit zielgerichtet zu organisieren, auch wenn Schwierigkeiten bei der Ausübung auftreten oder Handlungen neu gelernt werden müssen.

Der Schüler lernt in einem späteren Stadium des Prozesses sich selbst durch eigene positive Bestärkung zu motivieren, auch in Situationen die als unangenehm empfunden werden.

(vgl. Schack, 1997, S.63f)

4.2.3.4 Selbstinstruktionen

Es gibt Menschen, die sich positiv selbstverbalisieren und umgekehrt Menschen, die immer wieder negative Selbstgespräche führen, vergleichbar mit der Unterscheidung von erfolgs- und misserfolgsorientierten Menschen.

(vgl. Strittmatter, 1997, S.169)

Zuerst gibt noch der Pädagoge dem Kind Instruktionen (z.B. „Stockeinsatz!" beim Schifahren), bald soll der Schüler selbst in der Lage sein sich diese Instruktionen selbst zu geben.

Bei der Selbstinstruktion geht es aber nicht nur um fachliche, sondern vor allem um emotionale Anweisungen.

Ängstliche Kinder haben oft während den einzelnen Übungen einen inneren Dialog, der sich negativ auf die zielgerichtete Ausführung auswirkt. Durch diese inneren, negativen Dialoge kommt es oft zu unpassendem Verhalten, zu Vermeidungsstrategien oder zu negativ empfundenen Emotionen.

Um diese „eingeschliffenen" Denkweisen zu verändern, sollen sie verbalisiert und durch angemessene Selbstinstruktionen ersetzt werden, die für den inneren Dialog in angsterzeugenden Situationen angemessen sind.

Langjährige wissenschaftliche Untersuchungen zeigen, dass die Selbstinstruktion sehr geeignet ist, um in Prozesse der Handlungskontrolle einzugreifen. Außerdem zeigten zahlreiche empirischen Untersuchungen, dass die Angst bei Schülern, Studenten und Erwachsenen verringert wurde.

In der Selbstinstruktion spielen die drei Strategien Emotionskontrolle, Motivationskontrolle und Misserfolgskontrolle eine große Rolle. Alle drei Komponenten müssen abgedeckt werden, um einen sicheren Erfolgsertrag zu gewährleisten.

(vgl. Schack, 1997, S.76f)

Die Aufforderungen, die der Schüler sich in Form von Selbstgesprächen gibt sind kurz und eindeutig, positiv und werden ca. 2 - 3 mal wiederholt. *Solche Selbstinstruktionen könnten sein:*

- „Bleib dran",
- „Konzentriere dich",
- „Bleib cool und gelassen",
- „Denk an deine Stärken, dann schaffst du es".

(vgl. http://www.uni-flensburg.de)

4.2.3.5 Modelllernen

Im Sportunterricht wird vom Modelllernen zur Aneignung neuer Techniken bereits Gebrauch gemacht. Der Lehrer, aber auch die Schüler, die diese neue Technik bereits beherrschen sind dabei die Modellpersonen.

Am liebsten lernen wir von Menschen, deren Eigenschaften wir selbst gerne hätten und die uns in gewisser Weise ähnlich sind. *Deshalb soll der Sportpädagoge drei Aspekte herstellen, die eine gewisse Ähnlichkeit mit den ängstlichen Schülern haben:*

- *Es müssen historische Bezugspunkte gesetzt werden:*

Der Lehrer teilt den Schülern mit, dass er in seiner Kindheit auch Angst, z.B. im Geräteturnen, hatte und oft nicht so erfolgreich war.

- *Der Lehrer setzt seine Körpersprache gezielt ein:*

Der Lehrer imitiert ein gewisses Verhaltensmuster, das der Schüler zeigt, wenn er große Angst empfindet. Dadurch erkennt sich der Schüler wieder (z.B. gebückte Körperhaltung).

- *Real mögliche Ängste werden offengelegt:*

Es wird vor einer Übung über Ängste gesprochen, die bei der bzw. vor der Ausübung immer wieder auftreten.

Hat ein Schüler in einer gewissen Übungssituation seine Angst überwunden, kann er als Modellperson fungieren, da sich die restlichen Schüler mit ihm noch besser identifizieren können.

(vgl. Schack, 1997, S.61ff)

Im Zuge des Modelllernens wird im späteren Lernprozess mit anderen Techniken, wie der positiven Bestärkung oder der Selbstinstruktion gearbeitet. Der Schüler lernt von der Modellperson z.B. bei einer Übung sich selbst fachlich, wie auch motivierend zu instruieren.

Wie wir in diesem Kapitel gelesen haben, spielt Angst auch im Sportunterricht eine große Rolle. Angst reduziert die Lebensqualität, setzt die Handlungsfähigkeit herab und fördert generell die Abwehrhaltung für sportliche Aktivitäten in der Freizeit.

Die Pflicht der Pädagogen ist es, sich mit diesem Thema intensiv auseinanderzusetzen, um das Wohlempfinden und die Lernfreude der Schüler aufrechtzuerhalten.

Die Lehrer müssen lernen Unterrichtseinheiten zu schaffen, wo möglichst keine neuen Ängste aufgebaut werden. Außerdem sollen sie die verschiedenen Angstsymptome erkennen, über theoretische Grundlagen der Angstbewältigung Bescheid wissen und die Techniken gezielt im Unterricht einsetzen.

Im nachfolgenden Unterpunkt werden ein paar praktische Unterrichtsbeispiele vorgestellt, die helfen können, Ängste spielerisch abzubauen und auch eine angstpräventive Wirkung haben. Es wird vor allem auf Spiele eingegangen, die vor allem in der Grundschule einen großen Wert besitzen.

Die theoretischen Grundlagen, die in den vorigen Kapiteln beschrieben wurden, sind in allen Teilbereichen des Unterrichtsfaches Bewegung und Sport, die uns der Lehrplan vorgibt, anzuwenden.

4.3 Didaktische Beispiele für den Sportunterricht

4.3.1 Aufwärmübungen

Aufwärmen mit Musik

Organisationsform:

Die Turnhalle wird mit Langbänken in ein kleineres Feld eingegrenzt.

Material:

CD-Player

Beschreibung:

Alle Schüler laufen zur Musik durch das begrenzte Feld. Stellt der Lehrer die Musik ab, werden von ihm Aufgaben gestellt. Solche Aufgaben könnten sein, dass sich die Schüler in Gruppen nach verschiedenen Merkmalen zusammenfinden (gleiche Schuhgröße, gleiche Haarfarbe, gleiche Farbe des T-Shirts...).

Didaktische/Pädagogische Überlegung:

Die Anweisungen werden nicht leistungsorientiert gegeben. Jeder Schüler hat die gleichen Bedingungen; es kommen kein Neid, kein Spott und kein Angstgefühl auf.

Schattenlaufen

Organisationsform:

Es werden Schülerpaare gebildet. Der Lehrer bestimmt diese Paare aufgrund des Alphabets (1. und 2. Schüler des Alphabets usw.).

Beschreibung:

Die Schülerpaare bewegen sich frei durch die Halle. Ein Schüler läuft hinter seinem Partner nach und imitiert als „Schatten" alle Bewegungen des vorderen Schülers.

Nach einer bestimmten Zeit gibt der Lehrer die Anweisung, dass die Schüler ihre Rollen tauschen sollen.

Didaktische/Pädagogische Überlegung:

Die Schüler bekommen zu Beginn der Übung den Hinweis, dass sie langsam beginnen und nach einiger Zeit die Intensität steigern sollen. Sie können z.B. Armbewegungen übertreiben oder plötzlich die Richtung wechseln.

Auch bei dieser Aufwärmübung kommt kein Konkurrenzdenken auf, da sich jeder Schüler selbst Bewegungen ausdenken kann, egal welche sportliche Bewegungsgeschicklichkeit er besitzt.

(vgl. http://www.sportunterricht.de)

4.3.2 Übungen zur Entspannung

Mein Atem

Organisationsform:

Die Schüler setzten sich auf den Boden (bei mehreren Kindern in Zweierreihe). Der Lehrer setzt sich gegenüber ebenfalls auf den Boden.

Beschreibung:

Die Schüler sollen nach dem Kommando des Lehrers kräftig aus dem Mund blasen, wie bei einem Sturm. Sie sollen sich nun vorstellen gemeinsam ein Gewitterwind zu sein, der die Äste von den Bäumen schüttelt, Blätter von den Zweigen reißt und schlussendlich den Lehrer umbläst. Wenn die Schüler kräftig blasen, lässt sich der Lehrer langsam nach hinten fallen und gibt dann den Schüler die Anweisung mit dem Blasen aufzuhören und ihn wieder aufzurichten. Dafür sollen sie die Luft wieder einsaugen, wie mit einem Strohhalm. Die Schüler sollen dabei einen saugenden Ton machen.

Didaktische/Pädagogische Überlegung:

Wenn der Mensch Gefühle unterdrückt oder unter großer Anspannung steht, beginnt er unweigerlich flach zu atmen. Flache Atmung wird leicht chronisch und führt zu Muskelverspannungen, was schlussendlich zu Unwohlsein führt. Atemübungen können den Kindern helfen zur Ruhe zu kommen und die Atmung gezielt in zukünftigen Stresssituationen zu regulieren.

(vgl. http://www.kontaktco.at)

Die Bauchübung

Organisationsform:

Alle Schüler liegen auf einer Gymnastikmatte entspannt in Rückenlage auf dem Boden.

Material:

CD-Player, Entspannungsmusik

Beschreibung:

Die Schüler legen ihre gespreizten Finger unter die Brust, dort wo sich die Rippen teilen.

Die Entspannungsmusik läuft sehr leise im Hintergrund. Der Lehrer spricht sehr ruhig, mit sanfter, leiser Stimme:

„Ich bin ganz ruhig. Mein Körper ist schwer. (3mal wiederholen)

Mein ganzer Körper ist warm. (3mal wiederholen)

Mein Herz schlägt ruhig und kräftig. Mein Herz schlägt ruhig und gleichmäßig.

Mein Bauch ist warm.

Ich atme ruhig und gleichmäßig. (3mal wiederholen)

Nun entspanne ich alle Muskeln meines Körpers. (3mal wiederholen)

Ich fühle mich leicht und entspannt. (3mal wiederholen).

Arme beugen,

Arme strecken,

Augen auf."

Didaktische/Pädagogische Überlegung:

Die Schüler sollten weit genug auseinanderliegen, damit sie sich nicht gegenseitig ablenken.

Diese Entspannungstechnik können die Kinder bald selbst anwenden. Gerade in Situationen wo sie sich nicht wohl fühlen bzw. Stress empfinden, lernen sie mit diesen gezielten Übungen ihren Körper zu beherrschen, sich wieder in den Zustand des guten Körpergefühls zu versetzen.

(vgl. Brüggebors, 1992, S.128)

4.3.3 Vertrauensübungen

Chauffeur

Organisationsform:

Es werden mittels Losprinzip Schülerpaare gebildet, die sich verteilt im Turnsaal aufstellen.

Beschreibung:

Die zwei Schüler, die ein Paar bilden, stellen sich hintereinander auf. Das hintere Kind legt seine Hände auf die Schultern des Partners, der seine Arme nach vorne ausstreckt. Die Hände sind nach oben geklappt und dienen als „Stoßdämpfer". Jetzt schließt der vordere Schüler seine Augen. Der „Chauffeur", das hintere Kind, lenkt den „Wagen" an den Schultern geschickt durch den „Verkehr", den die anderen Paare im Raum bilden.

Didaktische/Pädagogische Überlegung:

Das Losprinzip zur Schülerpaarbildung verhindert eine unentspannte Stimmung zu Beginn der Unterrichtseinheit.

Dadurch, dass die Kinder die Augen selbst zuhalten sollen und sie nicht verbunden werden, haben sie die Sicherheit, falls die Situation als unangenehm empfunden wird, sie wieder aufzumachen.

Steife Puppe

Organisationsform:

Vier bis sechs Schüler bilden einen Kreis, in dessen Mitte ein weiterer Schüler steht.

Beschreibung:

Die Schüler, die den Kreis bilden, fassen sich an den Händen und stellen sich dicht aneinander. Der Schüler in der Mitte, die „steife Puppe", baut Körperspannung auf und lässt sich den Mitschülern in die Arme fallen. Die „steife Puppe" soll mit ihren Füßen dabei im Kreismittelpunkt stehen bleiben und die Arme eng am Körper anlegen.

Die Mitschüler fangen den fallenden Körper auf, schieben ihn im Kreis herum oder federn ihn sanft hin und her. Nach einer gewissen Zeit gibt der Lehrer die Anweisung, dass die nächste „steife Puppe" an der Reihe ist.

Didaktische/Pädagogische Überlegung:

Auch bei dieser Übung ist es für den Pädagogen ratsam, vor allem wenn ein schwieriges Klassenklima herrscht, die Gruppen selbst, mittels Losprinzip oder sonstiger Methoden, einzuteilen.Bei diesem Spiel ist Rücksichtnahme und Vertrauen besonders wichtig. Die „steife Puppe" muss all seinen Mitschüler vertrauen, dass er nicht fallengelassen wird und sie ihm beim Hin- und Herschieben nicht wehtun.

(vgl. Bechheim, 2007, S.28f)

4.3.4 Kooperative Spiele

Gordischer Knoten

Organisationsform:

Die Schüler bilden einen großen Kreis.

Beschreibung:

Die Schüler stehen kreisförmig dicht nebeneinander, halten ihre Hände in die Mitte und schließen die Augen. Der Lehrer gibt nun die Anweisung, dass jeder Schüler zwei fremde Hände fasst. Nun sollen sie versuchen, den Knoten, der nun entstanden ist, zu lösen, ohne ihn zu zerreißen. Ziel ist es, in eine Kreisform zurückzugelangen.

Didaktische/Pädagogische Überlegung:

Zuerst kann der Kreis auch mit einer Gruppe von 6 – 10 Kindern gebildet werden.

Der Lehrer muss auf eine hohe Disziplin achten, damit die Schüler sanft miteinander umgehen bzw. nicht schwindeln.

(vgl. Bechheim, 2007, S64)

Komm hoch

Organisationsform:

Die Schüler bilden zuerst Paare, dann kommen immer mehr Kinder dazu.

Beschreibung:

Die Paare hocken sich Rücken an Rücken auf den Boden hin und haken die Hände ein.

Nun sollen sie versuchen gemeinsam aufzustehen. Wenn dies gelungen ist, kommt eine dritte Person hinzu, später dann noch eine vierte.

Je mehr Kinder diese Übung auf einmal machen, desto schwieriger ist es.

Didaktische/Pädagogische Überlegung:

Zuerst sollten eine Zeit lang Zweierpaare diese Übung probieren, damit der Hauptfokus nicht nur auf ein Pärchen gerichtet ist.

Wenn diese Übung mit mehreren Schülern probiert wird, gibt der Lehrer die Anweisung, dass sie sich ganz dicht aneinander hocken und rasch aufstehen müssen. Noch leichter gelingt es, wenn der Lehrer zum Aufstehen ein Kommando gibt.

(vgl. Bechheim, 2007, S.21f)

4.3.5 Spiele ohne Sieger

Reise nach Jerusalem (Variation)

Organisationsform:

Zuerst werden im Kreis die gleiche Anzahl an Stühlen aufgestellt, wie Schüler mitspielen.

Material:

Stühle, CD-Player, dynamische Musik

Beschreibung:

Die Schüler laufen zur Musik um den Sesselkreis herum. Wenn der Lehrer die Musik stoppt, setzt sich jedes Kind auf einen Stuhl. Nach jeder Runde gibt der Pädagoge einen Stuhl aus dem Sesselkreis. Anders als beim Originalspiel, scheidet bei dieser Variante kein Kind aus. Es müssen sich alle Kinder auf immer weniger Stühlen hinsetzen. Auf wie viele Stühle schafft es die Gruppe sich hinzusetzen, ohne dass ein Kind stehen muss?

Didaktische/Pädagogische Überlegung:

Es dürfen nur stabile Stühle verwendet werden, die auch drei bis vier Personen aushalten.

Der taube Schäfer und seine blinden Schafe

Organisationsform:

Ein Schüler ist der Schäfer, die anderen sind die Schafe und kriechen auf allen Vieren auf dem Turnsaalboden.

Material:

Drei Langbänke werden als Zaun aufgestellt.

Beschreibung:

Der Schäfer steht innerhalb seines Zaunes, der aus drei Langbänken gebildet wird. Da der Schäfer nicht reden kann und die Schafe nicht sehen können, muss der Schäfer sich mit Geräuschen wie klatschen oder stampfen bemerkbar machen. Den Schafen wurden zuvor die Augen verbunden und wie wurden im Raum verteilt. Die blinden Mitspieler müssen nun den Geräuschen des Schäfers folgen, damit sie den Weg in den Zaun finden. Die Schafe dürfen sich mit „Mähhh" verständigen, um nicht mit anderen Schafen zusammenzustoßen.

Das Spiel ist zu Ende, wenn alle Schafe innerhalb des Zaunes sind.

Danach ist ein anderer Schüler der Schäfer.

Didaktische/Pädagogische Überlegung:

Die Schüler dürfen es nicht als unangenehm empfinden, wenn ihnen ihre Augen verbunden werden.

Der Lehrer muss sehr auf die Disziplin achten. Die Schafe dürfen sich nur sehr vorsichtig bewegen, um sich nicht gegenseitig zu verletzen.

(vgl. http://www.praxis-jugendarbeit.de)

Wie bereits erwähnt, sind diese Spiele nur eine kleine Auswahl von angstpräventiven, kooperativen und angstreduzierenden Beispielen.

Vor jeder Unterrichtseinheit, vor allem wenn neue Bewegungstechniken bzw. Spieltechniken erlernt werden, soll der Lehrer versuchen, ein angenehmes, entspanntes und angstfreies Klassenklima zu schaffen. Dazu dient ihm auch das theoretische Wissen über Techniken zum Angstabbau, sowie sein vorbildliches Verhalten.

5 EMPIRISCHE UNTERSUCHUNG

Für die empirische Untersuchung wurde ein selbst erstellter Fragebogen verwendet. Solche Fragebögen stellen ein weit verbreitetes Erhebungsinstrument in der Forschung dar.

Die Theorie dieser Arbeit bezieht sich auf alle Schüler, die zurzeit eine Volksschule besuchen. Die Berücksichtigung dieser Schülergesamtheit konnte im Rahmen dieser Studie nicht erfasst werden, weshalb sich die Erhebung auf vier Schulen beschränkte, in denen ausschließlich Schüler der 4. Schulstufe befragt wurden. Der Grund hierfür war, dass diese Schüler am ehesten wissen, wie groß bzw. wie schwer sie sind und doch schon drei Jahre Erfahrung im Schulalltag haben.

Die Fragen wurden so gestellt, dass die bereits am Anfang dieser Arbeit aufgezählten Forschungsfragen beantwortet werden konnten:

- „Gibt es einen Unterschied zwischen Buben und Mädchen in Bezug auf Angst im Sportunterricht?"
- „Haben übergewichtige Kinder mehr Angst im Sportunterricht?"
- „Gibt es Unterschiede im Hinblick auf die Thematik Angst zwischen Schülern die am Land leben zu denen die in der Stadt leben?"
- „Gibt es Unterschiede im Hinblick auf die Mitgliedschaft in einem sportlichen Verein zwischen Schülern die am Land leben zu denen die in der Stadt leben?"
- „Welche Ängste stehen im Sportunterricht im Vordergrund?"

Es wurden zwei Stadtschulen aus den Bezirken Klagenfurt Stadt und Villach Stadt und zwei Landschulen aus den Bezirken Wolfsberg und Völkermarkt für diese Studie ausgewählt. Stadt- und Landschulen konnten so miteinander verglichen werden.

Zur Beantwortung verwendete ich verbale Ratingskalen („sehr", „wenig" und „gar nicht"), „JA/NEIN – Angaben" und Einfachantworten (siehe Anhang).

Die Ergebnisse wurden interpretiert, grafisch dargestellt und in einer Schlussbetrachtung zusammengefasst.

5.1 Durchführung

Nach der Ausformulierung der Fragen und dem Erstellen des Fragebogens wählte ich vier Schulen aus. Da Klagenfurt und Villach die größten Städte Kärntens sind, fiel die Auswahl sofort auf diese beiden Standorte. Bei den ländlichen Schulen fiel meine Auswahl auf je eine Schule des Bezirkes Völkermarkt und des Bezirkes Wolfsberg. So wurden vier Schulen aus vier verschiedenen Bezirken ausgewählt.

Danach fuhr ich zu den Schulen, bat die jeweiligen Direktoren um ihre Unterstützung, stellte mich den Klassenlehrern vor und besprach mich mit ihnen. Der Fragebogen wurde von den Klassenlehrern den Kindern ausgeteilt, damit ich, als schulfremde Person, keine Ablenkung darstellte. Die Kinder hatten ca. eine Viertelstunde für die Beantwortung der Fragen Zeit.

Als ich alle Fragebögen wieder eingesammelt hatte, wurden sie nach bestimmten Kriterien geordnet und ausgewertet. Auf diesen Punkt werde ich später noch genauer eingehen.

Nachdem Stadt- und Landschulen in dieser Studie miteinander verglichen werden, fasste ich immer zwei Schulen zusammen. Die Schulen aus den Bezirken Klagenfurt Stadt und Villach Stadt werden mit Volksschule 1/2 bezeichnet, die Schulen aus den Bezirken Völkermarkt und Wolfsberg mit Volksschule 3/4. Um die Anonymität dieser Erhebung zu gewährleisten, werden die Schulen nicht beim Namen genannt.

Die „VS 1/2 haben in den erhobenen 4. Klassen insgesamt 56 Schüler, Die VS 3/4 insgesamt 33.

5.2 Geplante Schritte bei der Datenanalyse

Bevor ich mich für das Erhebungsinstrument „Fragebogen" entschied, versuchte ich einige Diagramme im Microsoft Excel zu erstellen. Da ich dieses Programm in dieser Weise vorher noch nie verwendet hatte, war ich erstaunt, wie schnell präzise Darstellungsformen erstellt werden können.

So konnte ich mich schon vorher mit dem Programm vertraut machen und entscheiden, ob diese Form der Untersuchung für mich geeignet ist.

5.3 Auswertung

Die Fragebögen wurden nach einigen Kriterien sortiert. Zunächst wurden die zwei Stadtschulen zu einer „Forschungsschule" zusammengefasst und die Fragebögen nach dem Geschlecht in zwei Stapeln getrennt, dann wurde das Selbe mit den Landschulen gemacht.

Zuerst wurde nach dem BMI (Gewicht, Größe) gefragt, der anhand der Formel „BMI = kg/m²" ermittelt und mit den gängigen Perzentilenwerten verglichen wurde (siehe Anhang). Danach wurden allgemeine Fragen zum Thema Sportunterricht gestellt und spezifisch auf mögliche Ängste eingegangen.

Zum Abschluss sollten die Kinder noch überlegen, wem sie ihre Ängste mitteilen würden. Die Fragen wurden ausgewertet, die Werte in die Diagramme eingetragen und zur Beantwortung der formulierten Fragen und zur Erschließung meiner Hypothesen verwendet.

Die Ergebnisse stützen sich auf insgesamt 89 Fragebögen. 42 Fragebögen wurden in der Schule des Bezirkes Klagenfurt Stadt, 14 Fragebögen in der Schule des Bezirkes Villach Stadt, 15 Fragebögen in der Schule des Bezirkes Völkermarkt und 18 Fragebögen in der Schule des Bezirkes Wolfsberg ausgefüllt.

Insgesamt wurden 39 Mädchen und 50 Buben befragt.

Alle Schüler der genannten 4. Klassen füllten den Fragebogen aus.

Nachfolgend werden Diagramme gezeigt, welche die Ergebnisse grafisch veranschaulichen sollen. Diese werden zuerst prozentuell ausgewertet und danach interpretiert.

Zum Abschluss der Auswertung gibt es eine Schlussbetrachtung, in der die Forschungsfragen mit ihren Unterpunkten anhand der Ergebnisse beantwortet und diskutiert werden.

Ergebnisse der Auswertung **„Mitglied in einem Sportverein"** an der **VS 1/2** (Stadtschulen):

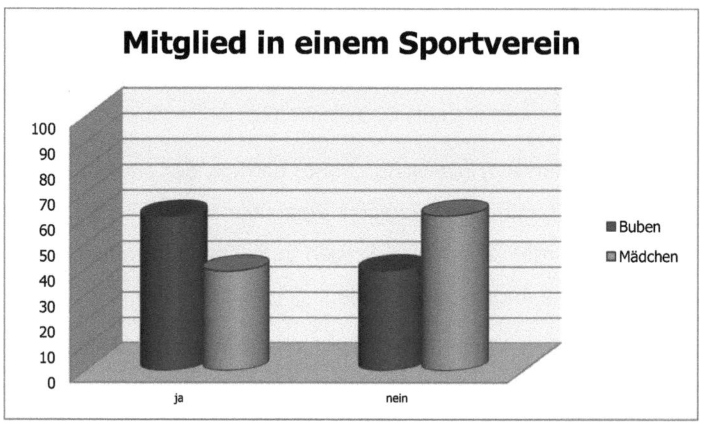

Abbildung 3: Mitglied in einem Sportverein an der VS 1/2

Prozentuelle Auswertung:

60,61 % Buben: sind Mitglied

39,39 % Buben: sind nicht Mitglied

39,13 % Mädchen: sind Mitglied

60,87 % Mädchen: sind nicht Mitglied

Interpretation:

Aus der Auswertung kann entnommen werden, dass mehr Buben als Mädchen in einem sportlichen Verein Mitglied sind. Mädchen in diesem Alter haben schon andere Interessen, befinden sich schon sehr ausgeprägt in der Pubertät.

Ergebnisse der Auswertung **„Mitglied in einem Sportverein"** an der **VS 3/4** (Landschulen):

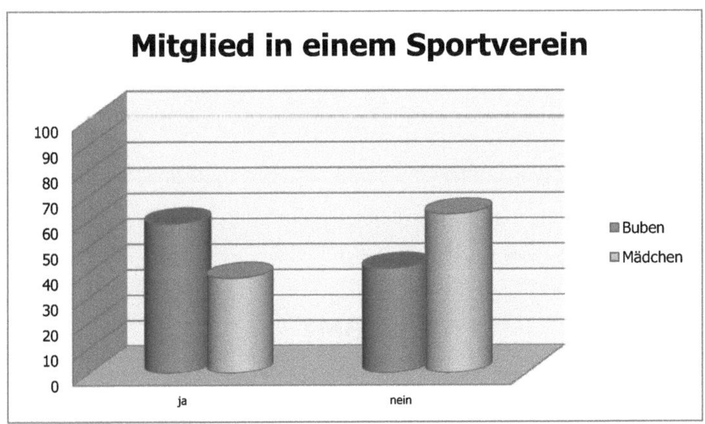

Abbildung 4: Mitglied in einem Sportverein an der VS 3/4

Prozentuelle Auswertung:

58,82 % Buben: sind Mitglied

41,18 % Buben: sind nicht Mitglied

37,50 % Mädchen: sind Mitglied

62,50 % Mädchen: sind nicht Mitglied

Interpretation:

Diese grafische Darstellung zeigt, dass Buben eher in einem sportlichen Verein tätig sind als Mädchen. Interessant wäre, ob mehr Mädchen in anderen Vereinen (Musikverein, Tanzverein,...) tätig sind, als Buben. In der heutigen Zeit, wo die Technik in den

Haushalten dominiert (Computer, Fernseher...), engagieren sich doch noch einige Jugendliche in einem Verein.

Interpretation der Gegenüberstellung:

Sowohl im städtischen als auch im ländlichen Bereich ist die Mitgliedschaft der Buben in einem sportlichen Verein größer. Im Allgemeinen finde ich, dass ein hoher Prozentsatz aller befragten Schüler in einem Verein tätig ist. Im Vorfeld wurde von mir nicht mit einer so hohen Zahl gerechnet.

Ergebnisse der Auswertung des **„Body Mass Index"** an der **VS 1/2** (Stadtschulen):

Der Body Mass Index wurde errechnet und mit Hilfe medizinischer Perzentilenwerte den einzelnen Kategorien (untergewichtig, normalgewichtig, übergewichtig, stark übergewichtig) zugeordnet (siehe Anhang).

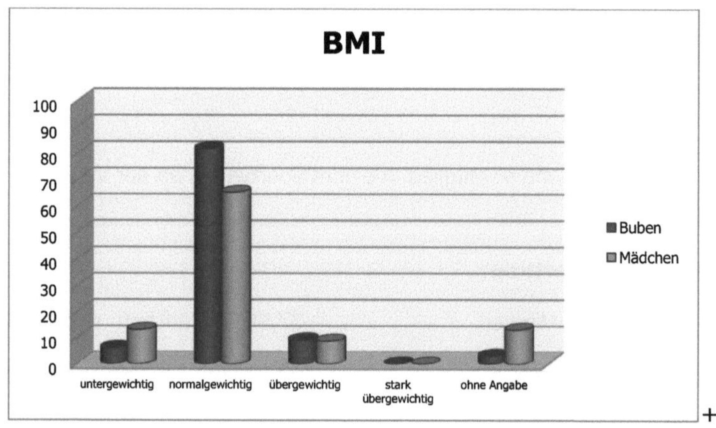

Abbildung 5: Body Mass Index an der VS 1/2

Prozentuelle Auswertung:

6,06 % Buben: sind untergewichtig	13,04 % Mädchen: sind untergewichtig
81,82 % Buben: sind normalgewichtig	65,23 % Mädchen: sind normalgewichtig
9,09 % Buben: sind übergewichtig	8,69 % Mädchen: sind übergewichtig
0,00 % Buben: sind stark übergewichtig	0,00 % Mädchen: sind stark übergewichtig
3,03 % Buben: keine Angabe	13,04 % Mädchen: keine Angabe

Interpretation:

Bei dieser Auswertung fällt es auf, dass einige Schüler nicht wissen wie groß bzw. wie schwer sie sind. Ich war vor dieser Studie der Meinung, dass beinahe alle Kinder mit 10 Jahren mir diese Information geben können. Die grafische Darstellung zeigt, dass die normalgewichtigen Schüler weit überwiegen. Es sind kaum Unterschiede zwischen Buben und Mädchen feststellbar.

Ergebnisse der Auswertung des **„Body Mass Index"** an der **VS 3/4** (Landschulen):

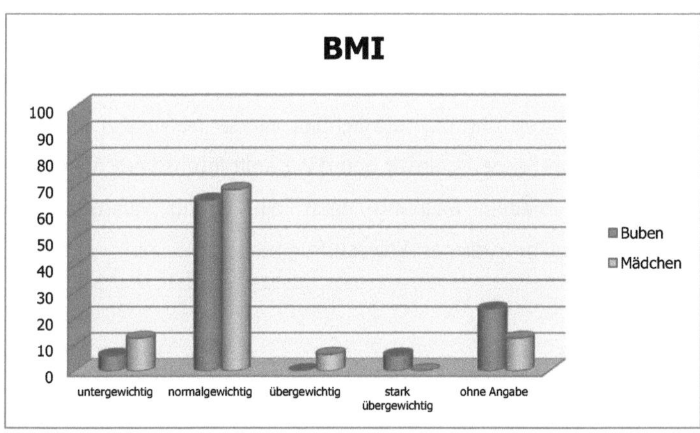

Abbildung 6: Body Mass Index an der VS 3/4

Prozentuelle Auswertung:

5,88 % Buben: sind untergewichtig	12,50 % Mädchen: sind untergewichtig
64,71 % Buben: sind normalgewichtig	68,75 % Mädchen: sind normalgewichtig
0,00 % Buben: sind übergewichtig	6,25 % Mädchen: sind übergewichtig
5,88 % Buben: sind stark übergewichtig	0,00 % Mädchen: sind stark übergewichtig
23,52 % Buben: keine Angabe	12,50 % Mädchen: keine Angabe

Interpretation:

Auch im ländlichen Bereich wissen einige Schüler nicht wie groß bzw. wie schwer sie sind.

Die Zahl der normalgewichtigen ist sehr hoch. Es zeigt sich, dass nur eine geringe Prozentzahl der erhobenen Schüler nicht der Norm entspricht, d.h. entweder unter- oder übergewichtig sind.

Interpretation der Gegenüberstellung (Stadt- und Landschulen):

Die grafischen Darstellungen zeigen, dass es in Bezug auf den Body Mass Index kaum Unterschiede zwischen den städtischen und den ländlichen Schülern gibt. Ich glaube, dass aktuelle Unterrichtsinhalte, wie z.B. die „gesunde Jause" zu einem besseren Körperbewusstsein führen und sich die Schüler wieder bewusster ernähren. Aber auch die immer früher einsetzende Pubertät und das damit intensivere Auseinandersetzen mit seinem Körper ist meiner Meinung nach ein Grund, warum es überwiegend normalgewichtige Schüler in dieser Altersstufe gibt.

Ergebnisse der Auswertung **„Wie gerne haben die Schüler den Sportunterricht?"** an der **VS 1/2** (Stadtschulen):

Bei dieser Frage wurde nach der Beliebtheit des Unterrichtsfaches „Bewegung und Sport" gefragt. Dabei antworteten die Schüler mit „sehr gerne", „wenig" oder „gar nicht".

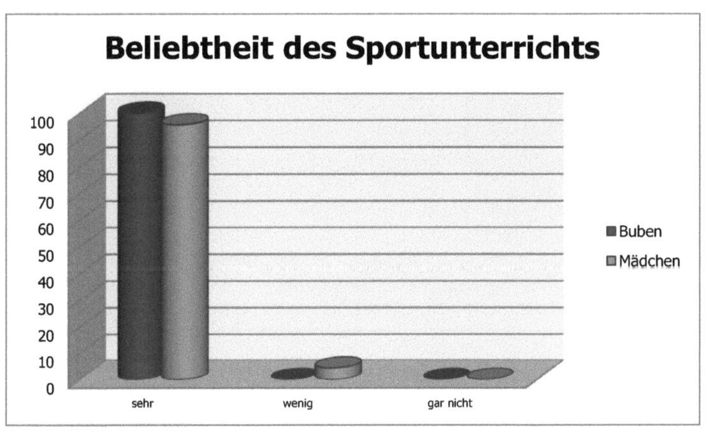

Abbildung 7: Beliebtheit des Sportunterrichts an der VS 1/2

Prozentuelle Auswertung:

100,00 % Buben: sehr	95,65 % Mädchen: sehr
0,00 % Buben: wenig	4,35 % Mädchen: wenig
0,00 % Buben: gar nicht	0,00 % Mädchen: gar nicht

Interpretation:

Anhand dieser grafischen Darstellung ist ersichtlich, dass alle Buben und beinahe alle Mädchen den Sportunterricht lieben. Es gibt bei dieser Auswertung nur einen geringen Unterschied zwischen den Geschlechtern. In der Volksschule ist der Konkurrenzkampf zwischen den Schülern noch nicht so groß, die Inhalte des Sportunterrichts sind noch sehr kindgerecht und wenig leistungsorientiert.

Ergebnisse der Auswertung **„Wie gerne haben die Schüler den Sportunterricht?"** an der **VS 3/4** (Landschulen):

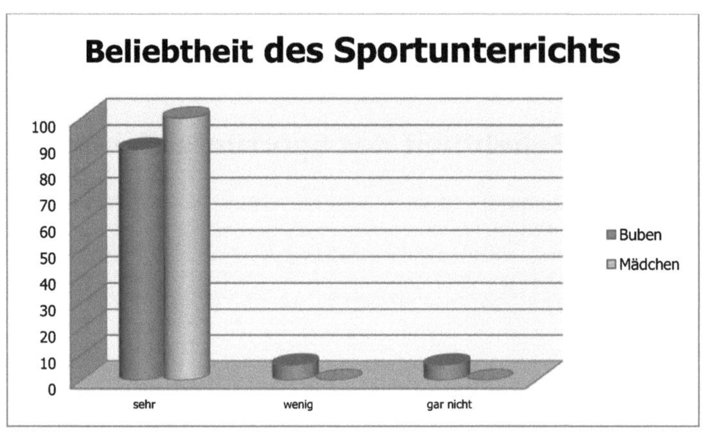

Abbildung 8: Beliebtheit des Sportunterrichts an der VS 3/4

Prozentuelle Auswertung:

88,24 % Buben: sehr	100,00 % Mädchen: sehr
5,88 % Buben: wenig	0,00 % Mädchen: wenig
5,88 % Buben: gar nicht	0,00 % Mädchen: gar nicht

Interpretation:

In der 4. Klasse der Volksschule ist der Sportunterricht bei den Schülern sehr beliebt. Überraschend für mich ist, dass 100 % der Mädchen angegeben haben, sehr begeistert vom Sportunterricht zu sein. Vor dieser Auswertung war ich der Meinung, dass eher die Buben eine 100%ige Beliebtheit angeben würden (wie in den Stadtschulen).

Interpretation der Gegenüberstellung (Stadt- und Landschulen):

Bei allen erhobenen Fragebogen gab nur ein Schüler an, den Sportunterricht überhaupt nicht zu mögen. Das Ergebnis dieser grafischen Darstellungen zeigt, dass es auch hier kaum Unterschiede zwischen Stadt- und Landschulen gibt. Wahrscheinlich spielt es auch eine große Rolle, dass den Turnunterricht der Klassenlehrer unterrichtet und die Kinder ein großes Vertrauensverhältnis zu nur einem Lehrer aufbauen können bzw. müssen. Im Gegensatz dazu müssen sich die Schüler in den mittleren und den höheren Schulen immer wieder auf neue Lehrer einstellen.

Ergebnisse der Auswertung **„Lieblingsdisziplinen bzw. Abneigungen im Sportunterricht"** an der **VS 1/2** (Stadtschulen):

Den Schülern wurden vier Disziplinen zur Auswahl gegeben: „Lauf- bzw. Fangspiele", „Ballspiele", „Geräteturnen" und „Wettkampfspiele". Sie sollten ankreuzen was sie am liebsten machen, oder welcher Disziplin sie abgeneigt sind.

Diese grafische Darstellung zeigt, wie viele Schüler eine Lieblingsdisziplin bzw. eine Abneigung gegen eine der genannten Disziplinen haben. Dabei wurden die einzelnen Disziplinen vorerst nicht berücksichtigt.

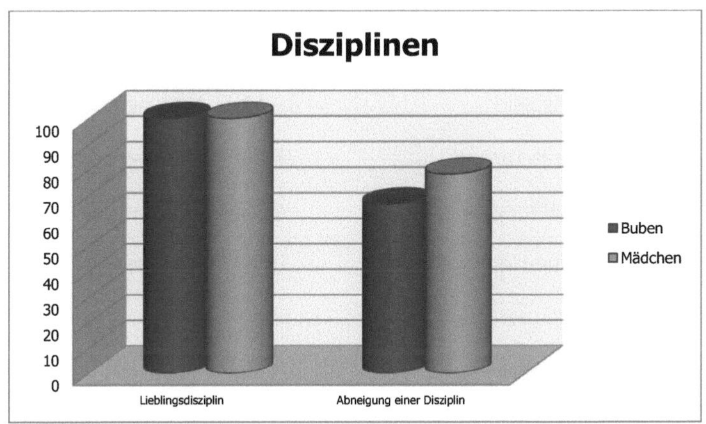

Abbildung 9: Beliebtheit bzw. Abneigung einzelner Disziplinen an der VS 1/2

Prozentuelle Auswertung:

100,00 % Buben: haben eine Lieblingsdisziplin

66,67 % Buben: haben eine Abneigung gegen eine der genannten Disziplinen

100,00 % Mädchen: haben eine Lieblingsdisziplin

78,26 % Mädchen: haben eine Abneigung gegen eine der genannten Disziplinen

Interpretation:

Alle Schüler, wie aus der grafischen Darstellung ersichtlich, gaben eine Disziplin an, die sie am liebsten ausüben. Aber auch bei der Häufigkeit der Abneigungen gab es kaum Unterschiede zwischen Buben und Mädchen.

Sehr wohl Abneigungen gab es bei den einzelnen Disziplinen. Ich rechnete auch mit diesen Abweichungen, da die Interessen der Buben und Mädchen mit 10 Jahren doch sehr unterschiedlich sind.

Auswertung der einzelnen Disziplinen:

Lieblingsdisziplinen:

6,06 % Buben: Laufspiele

72,73 % Buben: Ballspiele

3,03 % Buben: Geräteturnen

12,12 % Buben: Wettkampfspiele

0,00 % Buben: keine Lieblingsdisziplin

6,06 % Buben: ungültig

21,74 % Mädchen: Laufspiele

39,13 % Mädchen: Ballspiele

26,09 % Mädchen: Geräteturnen

4,35 % Mädchen: Wettkampfspiele

0,00 % Mädchen: keine Lieblingsdisziplin

8,70 % Mädchen: ungültig

Abneigung:

15,15 % Buben: Laufspiele	17,39 % Mädchen: Laufspiele
0,00 % Buben: Ballspiele	0,00 % Mädchen: Ballspiele
30,30% Buben: Geräteturnen	17,39 % Mädchen: Geräteturnen
21,21 % Buben: Wettkampfspiele	39,13 % Mädchen: Wettkampfspiele
33,33 % Buben: keine Abneigung	21,74 % Mädchen: keine Abneigung
0,00 % Buben: ungültig	4,35 % Mädchen: ungültig

Ungültig wurden jene Fragebögen gewertet, die mehr als eine Disziplin angekreuzt hatten.

Ergebnisse der Auswertung **„Lieblingsdisziplinen bzw. Abneigungen im Sportunterricht"** an der **VS 3/4** (Landschulen):

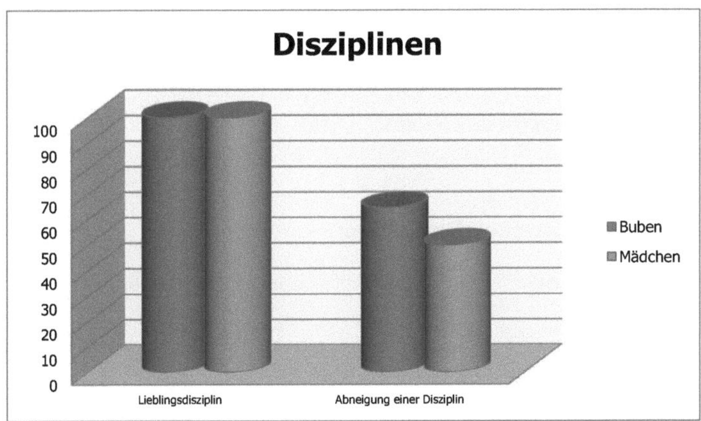

Abbildung 10: Beliebtheit bzw. Abneigung einzelner Disziplinen an der VS 3/4

Prozentuelle Auswertung:

100,00 % Buben: haben eine Lieblingsdisziplin

64,71 % Buben: haben eine Abneigung gegen eine der genannten Disziplinen

100,00 % Mädchen: haben eine Lieblingsdisziplin

50,00 % Mädchen: haben eine Abneigung gegen eine der genannten Disziplinen

Interpretation:

Alle Schüler haben, wie die grafische Darstellung zeigt, eine Lieblingsdisziplin angegeben. Sehr viele Kinder haben auch im ländlichen Gebiet eine Abneigung gegen eine der genannten Disziplinen angegeben. Für die Pädagogen ist die Auswertung der einzelnen Disziplinen interessant, da ersichtlich ist, wie unterschiedlich die Interessen der Buben und Mädchen sind.

Sollte das soziale Gefüge aus bestimmten Gründen gestört sein, oder vermehrt ängstliche Schüler bemerkbar werden, kann aus der prozentuellen Auswertung der einzelnen Disziplinen herausgelesen werden, welche Disziplinen sich besonders eignen, um dem Großteil der Kinder gerecht zu werden.

Auswertung der einzelnen Disziplinen:

Lieblingsdisziplinen:

5,88 % Buben: Laufspiele

41,18 % Buben: Ballspiele

23,53 % Buben: Geräteturnen

11,76 % Buben: Wettkampfspiele

0,00 % Buben: keine Lieblingsdisziplin

0,00 % Mädchen: Laufspiele

50,00 % Mädchen: Ballspiele

43,75 % Mädchen: Geräteturnen

0,00 % Mädchen: Wettkampfspiele

0,00 % Mädchen: keine Lieblingsdisziplin

11,76 % Buben: ungültig	6,25 % Mädchen: ungültig

Abneigung:

11,76 % Buben: Laufspiele	6,25 % Mädchen: Laufspiele
0,00 % Buben: Ballspiele	0,00 % Mädchen: Ballspiele
17,65% Buben: Geräteturnen	0,00 % Mädchen: Geräteturnen
17,65 % Buben: Wettkampfspiele	43,75 % Mädchen: Wettkampfspiele
35,30 % Buben: keine Abneigung	50,00 % Mädchen: keine Abneigung
35,30 % Buben: ungültig	0,00 % Mädchen: ungültig

Ungültig wurden jene Fragebögen gewertet, die mehr als eine Disziplin angekreuzt hatten.

Interpretation der Gegenüberstellung (Stadt- und Landschulen):

Zwischen den Stadt- und Landschulen sind vor allem bei den Mädchen Unterschiede feststellbar. Die Auswertung zeigt, dass im städtischen Bereich mehr Mädchen eine Abneigung gegen eine der vorgegebenen Disziplinen angegeben haben.

Jeder Mensch hat seine Vorlieben und Abneigungen. Ich glaube, dass die Kinder diese Fragen sehr ehrlich beantwortet haben. Ich war der Meinung, dass weniger Schüler eine Abneigung angeben würden.

Bei den Geschlechtern ist auffällig, dass kaum Buben eine Abneigung gegen Wettkampfspiele haben und kaum Mädchen gegen das Geräteturnen.

Ich glaube, dass bei den Buben das Konkurrenzdenken viel stärker ausgeprägt ist, wogegen Mädchen leistungsorientierter und ästhetischer sind.

Ergebnisse der Auswertung **„Allgemeine Angst im Sportunterricht"** an der **VS 1/2** (Stadtschulen):

Die folgende grafische Darstellung zeigt, ob die Schüler schon einmal Angst im Sportunterricht gehabt haben.

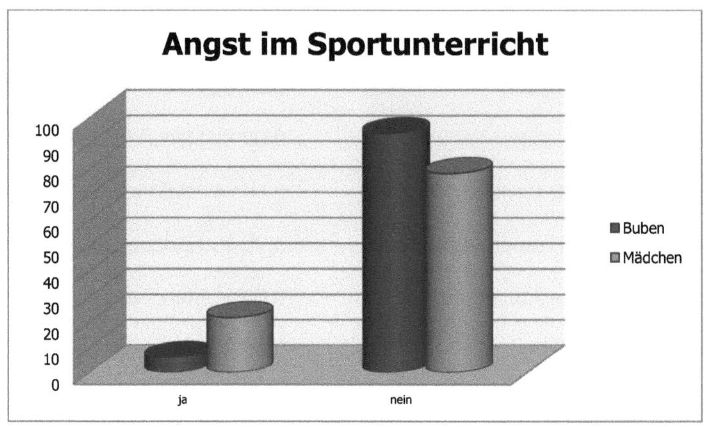

Abbildung 11: Häufigkeit von Angst im Sportunterricht an der VS 1/2

Prozentuelle Auswertung:

6,06 % Buben: ja	21,74 % Mädchen: ja
93,94 % Buben: nein	78,26 % Buben: nein

Interpretation:

Bei dieser grafischen Darstellung ist auffällig, dass mehr Mädchen angegeben haben, schon einmal Angst im Sportunterricht gehabt zu haben. Gründe dafür könnten sein, dass Mädchen in diesem Alter etwas reifer und ängstlicher sind und eine stärkere Körperbezogenheit haben, als die Buben. Auch ist es ihnen wichtiger, sich vor den anderen Schülern nicht zu blamieren.

Ergebnisse der Auswertung **„Allgemeine Angst im Sportunterricht"** an der **VS 3/4** (Landschulen):

Abbildung 12: Häufigkeit von Angst im Sportunterricht an der VS 3/4

Prozentuelle Auswertung:

5,88 % Buben: ja

94,12 % Buben: nein

18,75 % Mädchen: ja

81,25 % Mädchen: nein

Interpretation:

Auch diese grafische Auswertung im ländlichen Gebiet zeigt, dass eher Mädchen schon einmal Angst im Unterrichtsfach „Bewegung und Sport" gehabt haben. Auch hier sind die Gründe meiner Meinung nach die höhere Reife, die stärkere Körperbezogenheit und die Angst vor der Blamage bzw. der Konkurrenz.

Interpretation der Gegenüberstellung (Stadt- und Landschulen):

Wie aus der grafischen Auswertung ersichtlich, gab es keinen Unterschied zwischen den Stadt- und den Landschulen. Das Ergebnis überraschte mich nicht, da ich auch vor der Auswertung nicht glaubte, dass es Unterschiede zwischen den Gebieten geben würde, sondern ausschließlich zwischen den Geschlechtern.

Ergebnisse der Auswertung **„Allgemeine Angst im Sportunterricht"** unter Berücksichtigung des **BMI** (Land- und Stadtschulen):

Bei dieser grafischen Darstellung wurde von den 100 % an Schülern ausgegangen, die die Frage nach der Sportangst mit „Ja" beantwortet haben.

Abbildung 13: Häufigkeit von Angst unter Berücksichtigung des BMI

Prozentuelle Auswertung:

0,00 % untergewichtig: haben Angst

58,33 % normalgewichtig: haben Angst

33,33 % übergewichtig: haben Angst

0,00 % stark übergewichtig: haben Angst

8,34 % ohne Angabe: haben Angst

Interpretation:

Auffällig bei dieser grafischen Auswertung ist, dass hauptsächlich Schüler die normalgewichtig sind, Angst im Sportunterricht verspüren. Erst an zweiter Stelle kommt die Gruppe der übergewichtigen Schüler. Vor dieser Studie dachte ich, dass die übergewichtigen bzw. stark übergewichtigen Schüler eher Sportangst haben, als die normalgewichtigen.

Eventuell würde die Auswertung bei einer Studie anders aussehen, wo berücksichtigt wird, dass gleich viele unter-, normal-, über- und stark übergewichtige Schüler befragt werden.

Ergebnisse der Auswertung **„Häufigkeit des Verspottens im Sportunterricht"** an der **VS 1/2** (Stadtschulen):

In der folgenden grafischen Darstellung werden drei Auswertungen dargestellt:

„Werden in deiner Klasse Schüler verspottet, wenn sie eine Turnübung nicht schaffen?"

„Hast du schon einmal einen Mitschüler verspottet, wenn er etwas nicht geschafft hat?"

„Wurdest du schon einmal verspottet, wenn du etwas nicht geschafft hast?"

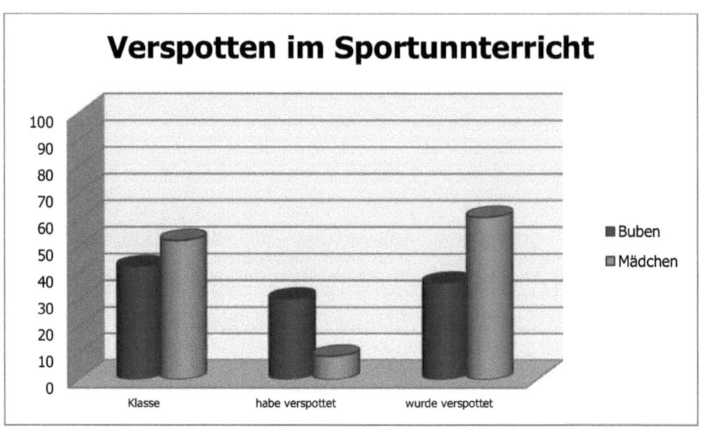

Abbildung 14: Verspotten im Sportunterricht an der VS 1/2

Prozentuelle Auswertung:

42,42 % Buben: in der Klasse wird verspottet

30,30 % Buben: haben verspottet

36,36 % Buben: wurden verspottet

52,17 % Mädchen: in der Klasse wird verspottet

8,70 % Mädchen: haben verspottet

60,87 % Mädchen: wurden verspottet

Interpretation:

Aus dieser grafischen Darstellung wird ersichtlich, dass sich Buben und Mädchen bei der ersten Frage im Großen und Ganzen einig sind.

Bei der Frage, ob die Schüler schon einmal einen Mitschüler verspottet haben, beantworteten mehr Buben als Mädchen die Frage mit „Ja". Ich glaube, dass sich die Buben in dem Alter noch weniger über die Gefühle ihrer Mitschüler Gedanken machen und freuen sich, wenn sie besser als andere sind. Mädchen verspüren mehr Mitleid mit denjenigen, die eine Übung nicht schaffen und wollen diese aufbauen.

Bei der Frage, ob sie schon einmal im Sportunterricht verspottet wurden, kreuzten viel mehr Mädchen „Ja" an. Meiner Meinung nach waren die Mädchen bei dieser Frage ehrlicher als die Buben.

Ergebnisse der Auswertung **„Häufigkeit des Verspottens im Sportunterricht"** an der **VS 3/4** (Landschulen):

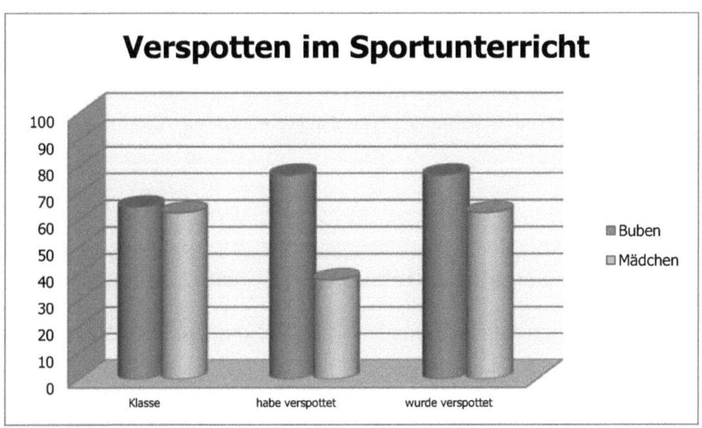

Abbildung 15:Verspotten im Sportunterricht an der VS 3/4

Prozentuelle Auswertung:

64,71 % Buben: in der Klasse wird verspottet

76,47 % Buben: haben verspottet

76,47 % Buben: wurden verspottet

62,50 % Mädchen: in der Klasse wird verspottet

37,50 % Mädchen: haben verspottet

62,50 % Mädchen: wurden verspottet

Interpretation:

Einig waren sich alle Schüler bei der ersten Frage nach dem Verspotten in der Klasse.

Aus der grafischen Darstellung wird ersichtlich, dass viel mehr Buben als Mädchen angegeben haben, schon einmal einen Mitschüler verspottet zu haben. Das Konkurrenzdenken bei den Buben ist in diesem Alter stärker ausgeprägt als das der Mädchen.

Interessant für mich ist, dass mehr Buben als Mädchen angegeben haben, schon einmal verspottet worden zu sein. Ich glaube, dass diese Frage von beiden Geschlechtern intuitiv und ehrlich beantwortet wurde.

Interpretation der Gegenüberstellung (Stadt- und Landschulen):

Auffällig ist, dass in den Landschulen mehr Buben angegeben haben im Sportunterricht schon einmal verspottet worden zu sein. Ich glaube, dass die Buben der Landschulen ehrlicher geantwortet haben.

Meiner Meinung nach wurde beinahe jeder Schüler schon einmal „ausgelacht“ bzw. verspottet. Interessant für mich war, wie viele Kinder dies angeben würden. Die Gründe für das „nicht angeben“ können Verdrängung oder das „nicht zugeben wollen“ sein. Vielleicht haben aber auch einige Kinder dies in der bestimmten Situation nicht so empfunden.

Ergebnisse der Auswertung **„Gründe für Sportangst"** an der **VS 1/2** (Stadtschulen):

Bei dieser Auswertung wurden vier Fragen zu einer grafischen Darstellung zusammengefasst. Jede Säule geht von einer 100%igen Zahl von Buben und Mädchen aus. Manche Schüler hatten vor mehreren Komponenten Angst, manche vor keiner.

Abbildung 16: Gründe für Sportangst an der VS 1/2

Prozentuelle Auswertung:

12,12 % Buben: Angst vor Verspotten

24,24 % Buben: Angst vor Verletzung

3,03 % Buben: schlechte Note

3,03 % Buben: Angst vor Verlieren

47,83 % Mädchen: Angst vor Verspotten

39,13 % Mädchen: Angst vor Verletzung

43,48 % Mädchen: schlechte Note

0,00 % Mädchen: Angst vor Verlieren

Interpretation:

Wie aus dieser grafischen Darstellung ersichtlich, haben mehr Mädchen Angst vor dem Verspotten und einer schlechten Note als die Buben. Mädchen in diesem Alter sind leistungsorientierter und machen sich viel mehr Gedanken, was ihre Mitschüler, aber auch der Lehrer über sie denkt.

Ergebnisse der Auswertung **„Gründe für Sportangst"** an der **VS 3/4** (Landschulen):

Abbildung 17: Gründe für Sportangst an der VS 3/4

Prozentuelle Auswertung:

5,88 % Buben: Angst vor Verspotten	50,00 % Mädchen: Angst vor Verspotten
23,53 % Buben: Angst vor Verletzung	43,75 % Mädchen: Angst vor Verletzung
11,76 % Buben: schlechte Note	43,75 % Mädchen: schlechter Note
0,00 % Buben: Angst vor Verlieren	12,50 % Mädchen: Angst vor Verlieren

Interpretation:

Die Auswertung zeigt, dass die Hälfte aller Mädchen Angst vor dem Verspotten haben. Aber auch ein großer Prozentsatz hat Angst vor einer schlechten Note oder einer Verletzung. Mädchen ist es wichtiger, welches Bild andere von ihnen haben.

Die Angst vor einer Verletzung ist bei beiden Geschlechtern vorhanden. Ich glaube, dass sich beinahe jeder Schüler schon einmal bei einer Turnübung leicht verletzt hat und dass diese Situation bei der Beantwortung der Frage wieder in Erinnerung gerufen wurde.

Interpretation der Gegenüberstellung

Mir ist bei der Auswertung aufgefallen, dass mehr Buben in der Stadt Angst vor dem Verspotten haben als jene am Land. Sonst waren die Ergebnisse zwischen den zwei Forschungsgruppen sehr ähnlich. Auch bei diesen ausgewerteten Fragestellungen sind die Unterschiede eher bei den Geschlechtern als zwischen den Wohngebieten zu finden.

Ergebnisse der Auswertung **„Ansprechpersonen bei Angst"** an der **VS 1/2** (Stadtschulen):

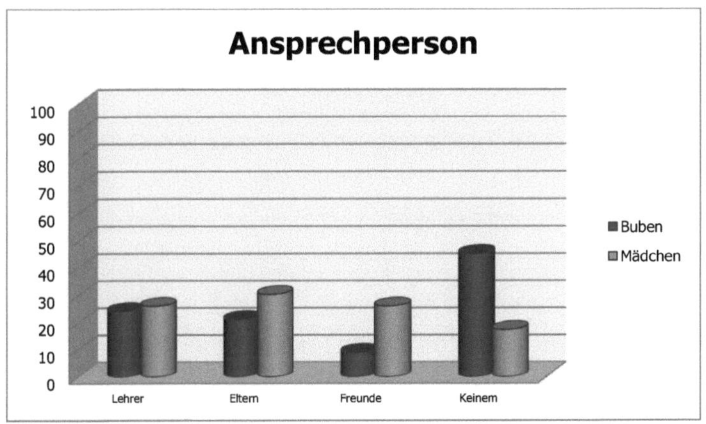

Abbildung 18: Ansprechpersonen bei Sportangst an der VS 1/2

Prozentuelle Auswertung:

24,25 % Buben: Lehrer

21,21 % Buben: Eltern

26,08 % Mädchen: Lehrer

30,43 % Mädchen: Eltern

9,09 % Buben: Freunde — 26,09 % Mädchen: Freunde

45,45 % Buben: Keinem — 17,40 % Mädchen: Keinem

Interpretation:

Mir ist bei dieser grafischen Darstellung aufgefallen, dass viel mehr Mädchen als Buben ihre Ängste Freunden anvertrauen würden. Der Grund dafür ist, dass es den Buben schwer fällt sich vor ihren Freunden Schwächen einzugestehen bzw. ihnen davon zu erzählen, da dies in ihren Augen ein Imageverlust wäre.

Ergebnisse der Auswertung **„Ansprechpersonen bei Angst"** an der **VS 3/4** (Landschulen):

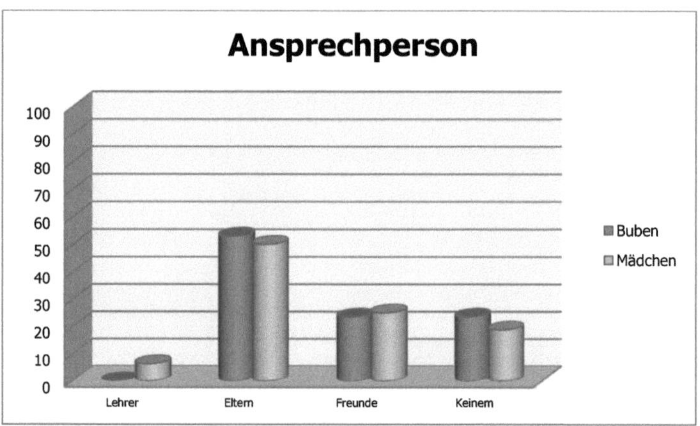

Abbildung 19: Ansprechpersonen bei Sportangst an der VS 3/4

Prozentuelle Auswertung:

0,00 % Buben: Lehrer — 6,25 % Mädchen: Lehrer

52,94 % Buben: Eltern — 50,00 % Mädchen: Eltern

23,53 % Buben: Freunde	25,00 % Mädchen: Freunde
23,53 % Buben: Keinem	18,75 % Mädchen: Keinem

Interpretation:

Interessant bei dieser Auswertung ist, dass kein einziger Bub den Lehrer als seine Ansprechperson angegeben hat. Sonst sind kaum Unterschiede zwischen den Geschlechtern bemerkbar.

Interpretation der Gegenüberstellung:

Auffällig bei diesen Auswertungen ist, dass in den Landschulen, im Unterschied zu den Stadtschulen, kaum Schüler die Lehrer als Vertrauenspersonen genannt haben. Dagegen wurden am Land eher die Eltern als Ansprechpersonen angegeben. Der Grund dafür könnte sein, dass in der Stadt meistens beide Eltern berufstätig sind und weniger Zeit mit ihren Kindern verbringen als am Land.

Im städtischen Gebiet gibt es mehr Möglichkeiten die Kinder zu beschäftigen. Die Schüler gehen in Spielgruppen, sind in Vereinen tätig, haben Tagesmütter bzw. Hortbetreuung oder treffen sich mit Freunden in der Stadt. Die Lehrer werden oft als Vorbildpersonen anstelle der Eltern gesetzt.

Am Land gaben mehr Buben an, den Freunden über ihre Ängste zu erzählen, als am Land. Den Buben im städtischen Bereich ist es demnach wichtiger, was ihre Freunde von ihnen denken und glauben, dass Schwächen ihrem Ruf schaden könnten. Ich glaube, dass die Buben am Land untereinander ehrlicher sind und mehr Verständnis für die Befindlichkeiten untereinander aufbringen können.

5.4 Diskussion der Ergebnisse

- **„Gibt es einen Unterschied zwischen Buben und Mädchen in Bezug auf Angst im Sportunterricht?"**
- **„Gibt es Unterschiede im Hinblick auf die Thematik Angst zwischen Schülern die am Land leben zu denen die in der Stadt leben?"**
- **„Haben übergewichtige Kinder mehr Angst im Sportunterricht?"**
- **„Welche Ängste stehen im Sportunterricht im Vordergrund?"**
- **„Gibt es Unterschiede im Hinblick auf die Mitgliedschaft in einem sportlichen Verein zwischen Schülern die am Land leben zu denen die in der Stadt leben?"**

Im Allgemeinen gibt es große Unterschiede in Bezug auf Sportangst zwischen den Geschlechtern. Mädchen gaben viel öfter an, schon einmal Angst im Unterrichtsfach „Bewegung und Sport" verspürt zu haben. Mögliche Gründe hierfür könnten sein, dass Mädchen in diesem Alter schon in der Pubertät sind und ihnen dadurch wichtiger ist, was andere über sie denken und eine stärkere Körperbezogenheit haben. Sie nehmen Kritik persönlicher und bekommen leichter Selbstzweifel als ihre männlichen Mitschüler.

Buben ist es noch wichtiger allen zu zeigen was sie können und besser zu sein als ihre Mitschüler.

Zwischen Stadt-und Landkindern gab es keinerlei Unterschiede im Hinblick auf die Thematik Angst. In der Stadt, wie auch am Land empfanden mehr Mädchen schon einmal Angst im Sportunterricht als Buben. Auch der angegebene Prozentsatz zeigte kaum Abweichungen zwischen den beiden Gebieten.

In Bezug auf das Gewicht kam es zu einem überraschenden Ergebnis. Normalgewichtige Schüler gaben öfters an schon einmal Sportangst verspürt zu haben als übergewichtige.

Der mögliche Grund für dieses Ergebnis könnte aber auch sein, dass die meisten der befragten Schüler normalgewichtig waren. Die Gruppe der unter-, über- bzw. stark übergewichtigen Schüler war relativ gering.

Bei der Frage nach den einzelnen Arten von Ängsten war ein großer Unterschied zwischen den Geschlechtern feststellbar.

Mädchen gaben sowohl im städtischen als auch im ländlichen Bereich an, überwiegend Angst vor Verspottung zu haben, wogegen nur ein geringer Prozentsatz der Buben dies fürchtet. Mädchen sind leistungsorientierter und fürchten sich vor einer Blamage. Ihr Selbstbewusstsein ist viel empfindlicher als das ihrer männlichen Mitschüler.

Aus diesen Gründen ist bei den weiblichen Schülern auch die Angst vor einer schlechten Note größer als bei den Buben.

Die Angst vor einer Verletzung im Sportunterricht ist bei beiden Geschlechtern vorhanden, obwohl auch diese Angst bei den Mädchen ausgeprägter ist.

Den einzigen Unterschied zwischen den Gebieten gab es bei der Angst vor einer schlechten Note. In den städtischen Schulen gab kein einziges Mädchen an davor Angst zu haben, wogegen dies in den ländlichen Schulen genau umgekehrt war. Aber im Großen und Ganzen haben kaum Schüler Angst vor einer schlechten Note im Unterrichtsfach „Bewegung und Sport".

Meiner Meinung nach ist der Sportunterricht in der Volksschule nur wenig leistungsorientiert, die Freude an der Bewegung steht im Vordergrund. Die Kinder spüren von Seiten der Pädagogen keinen Notendruck, die Inhalte sind kindgerecht und beinhalten kaum unüberwindbare Schwierigkeiten.

Zwischen den Schülern die in einer städtischen Schule unterrichtet werden und jenen die eine ländliche Schule besuchen gibt es keinen Unterschied bei der Häufigkeit einer Vereinstätigkeit im sportlichen Bereich. Ausschließlich zwischen den Geschlechtern waren

Unterschiede feststellbar. Mehr Buben als Mädchen sind zurzeit in Vereinen aktiv. Gründe dafür können sein, dass Mädchen in anderen Vereinen, wie Musikverein, Tanzverein, usw. tätig sind.

Alle Kinder haben begeistert diesen Fragebogen ausgefüllt und bekamen vorher das Gefühl vermittelt, ein „wichtiger Teil" einer wissenschaftlichen Studie zu sein. Vor allem die Anonymität der Auswertung half ihnen, ehrlich die Fragen zu beantworten.

6 SCHLUSSBEMERKUNG

Die Auseinandersetzung mit dem Thema „Angst im Sportunterricht der Grundschule" war für mich sehr spannend und lehrreich. Mein größter Wunsch ist, dass die Leser dieser Arbeit diese als informativ und interessant empfinden und ihre Neugierde geweckt wurde um sich tiefer mit der Thematik auseinanderzusetzen.

Bei meiner Recherche in Fachbüchern, Zeitschriften und im Internet habe ich einiges über die Bewältigungsmöglichkeiten und Prävention von Sportangst „kennen gelernt" und werde dies auch in der Praxis umsetzen.

Die genauere Betrachtung der Thematik „Angst" brachte mich auch immer wieder gedanklich zu meiner eigenen Schulzeit zurück. Eigentlich hat sich im Laufe der Zeit in Bezug auf Ängste nicht viel verändert. Auch in meiner Zeit hatten wir aus den gleichen Gründen Ängste, auch wenn einige Gründe erst später aktuell wurden. Verantwortlich hierfür ist die immer früher einsetzende Pubertät und die damit verbundenen Selbstzweifel an die eigene Person.

Ich bin mir sicher, dass auch einigen Lesern wieder Ängste von damals in Erinnerung gerufen werden, die sie längst vergessen hatten.

Mir ist es ein großes Anliegen noch einmal zu erwähnen wie wichtig es ist, dass Pädagogen Schülerängste und ihre Ursachen erkennen und sich verantwortlich fühlen, diese zu bekämpfen.

Den Schülern soll vermittelt werden, dass jeder Mensch Ängste hat und dass es keine Schwäche ist Ängste zu haben und auch auszusprechen. Wir als Pädagogen sollen uns unserer Rolle als Vertrauens- und Vorbildpersonen aber auch der damit verbundenen Verantwortung immer bewusst sein.

Sehr häufig werden Ängste als unwichtig abgehandelt, weil der Pädagoge glaubt, dass es vorübergehende Selbstzweifel sind, die der Schüler mit der Zeit selbst überwinden wird.

Doch wie in dieser Arbeit ersichtlich, können der Pädagoge, aber auch Eltern und Freunde, mit ausreichendem Wissen und relativ einfachen Maßnahmen etwas gegen die Ängste der Betroffenen unternehmen und viel erreichen.

LITERATURVERZEICHNIS

ANDREAS, Reinhard, BARTL, Manfred, BARTL-DÖNHOFF, Gabriele, HOPF, Werner (1976): *Angst in der Schule.* München, Berlin, Wien: Urban & Schwarzenberg.

BECHHEIM, Yvonne (2007): *Erfolgreiche Kooperationsspiele. Soziales Lernen durch Spiel und Sport.* Wiebelsheim: Limpert Verlag GmbH

BRÜGGEBORS, Gela (1992): *Körperspiele für die Seele* (2. Auflage). Reinbek bei Hamburg: Rowohlt Taschenbuch Verlag.

Internetquellen:

VOLKSSCHUL-LEHRPLAN (2008): URL:

http://www.bmukk.gv.at/medienpool/14055/ lp_vs_komplett.pdf [29. 09. 2009]

ROSE, Gerd (2008, 31. Oktober): *Symptome der Angst.* URL:

http://www.zwang24.de/andere/45-angststoerung/53-symptome-der-angst.html [15. 09. 2009]

SCHLAPKOHL, Nele (2009): *Instruktionen und Feedback.* URL:

http://www.uni-flensburg.de/sport/downloads/Schlapkohl/SoSe2009/BA/Thema03_Instruktionen.pdf [29. 09. 2009]

GOLLNER, Gerhard, FITSCH, Brigitte, HERMANN, Gregor, GOLSER, Harald, AUFHAMMER, Sandra, KERN, Melitta (01.04.2009): *Unterrichtsmaterial für VolksschullehrerInnen.* URL:

http://www.kontaktco.at/shop/pdf/110-39.pdf [30.09.2009]

HIRLING, Hans (2009): *Spieler ohne Sieger oder Verlierer.* URL:

http://www. praxis-jugendarbeit.de/spielesammlung/spiele-ohne-verlierer-sieger.html [30.03.2009]

URL: http://www.aphs.ch/d/angststoerungen/index.asp?page=Ursachen+und+Ausl%F6ser [14. 09. 2009]

URL: http://www. psychotherapiepraxis.at/surveys/test_bmi_test.phtml) [21.10.2009]

URL: http://www.sportunterricht.de [30.09.2009]

KLUPSCH- SAHLMANN, Rüdiger, KOTTMANN, Lutz (1992): Zum Phänomen „Angst". *Sportpädagogik 5/1992,* S. 7-16.

KOSUBEK, Siegfried (2006): *Angst und Aggression bei Kindern.* Baden-Baden: Humboldt Verlags GmbH.

KROHNE, Heinz W. (1996): *Angst und Angstbewältigung.* Stuttgart: Kohlhammer GmbH.

MORSCHITZKY, Hans, SATOR, Sigrid (2009): *Die zehn Gesichter der Angst. Ein Handbuch zur Selbsthilfe* (4. Auflage). München: Deutscher Taschenbuch Verlag GmbH & Co. KG.

PELZER, Bernd (2009): *Angstfrei glücklich leben.* Zürich: Oesch Verlag.

REMSCHMIDT, Helmut (Hrsg.) (1987): *Kinder- und Jugendpsychiatrie. Eine praktische Einführung* (2. Auflage). Stuttgart, New York: Georg Thieme Verlag.

RIEMANN, Fritz (2009): *Grundformen der Angst* (39. Auflage). München, Basel: Ernst Reinhardt Verlag.

ROGGE, Jan-Uwe (2007): *Ängste machen Kinder stark* (9. Auflage). Reinbek bei Hamburg: Rowohlt Taschenbuch Verlag.

WITTCHEN, Hans-Ulrich, BULLINGER-NABER, Monika, DORFMÜLLER, Monika, HAND, Iver, KASPER, Siegfried, KATSCHNIG, Heinz, LINDEN, Michael, MARGRAF, Jürgen, MÖLLER, Hans-Jürgen, NABER, Dieter, PÖLDINGER, Walther, VAN DE ROEMER, Adrianus (1999): *Angst. Angstkrankheiten und Behandlungsmöglichkeiten* (Unveränderter Nachdruck). Freiburg: S. Karger GmbH.

SCHACK, Thomas ((1997): *Ängstliche Schüler im Sport. Interventionsverfahren zur Entwicklung der Handlungskontrolle.* Schorndorf: Verlag Karl Hoffmann.

STRITTMATTER, Peter (1997): *Schulangstreduktion. Abbau von Angst in schulischen Leistungssituationen* (2. überarbeitete Auflage). Berlin, Hermann Luchterhand Verlag.

WOLF, Doris (2002): *Ängste verstehen und überwinden. Gezielte Strategien für ein Leben ohne Angst* (16. Auflage). Mannheim: PAL Verlagsgesellschaft mbH.

ZIMBARDO, Philip G., GERRIG, Richard J. (2004): *Psychologie* (16., aktualisierte Auflage). München: Pearson Education Deutschland GmbH.

ABBILDUNGSVERZEICHNIS

ANHANG

FRAGEBOGEN

Die Daten dieses Fragebogens werden anonym bearbeitet und für eine Bachelorarbeit zur Erlangung des akademischen Grades Bachelor of Education für das Lehramt an Volksschulen genutzt.

Bitte kreuze immer nur eine Antwort an. Mehrfachantworten sind nicht möglich!

Schule:______________________________

Allgemeines:

1. Geschlecht:

Ich bin ein Bub

Ich bin ein Mädchen

2. Wie groß bist du?______________cm

3. Wie viel wiegst du?_____________kg

Unterrichtsfach „Bewegung und Sport"

4. Bist du Mitglied in einem Sportverein?

Ja

Nein

5. Machst du gerne Sport?

Ja

Nein

6. Wie gerne hast du das Unterrichtsfach „Bewegung und Sport"?

sehr wenig gar nicht

7. Kreuze an was du am liebsten machst:

Laufspiele/Fangspiele
Ballspiele
Geräteturnen
Wettkampfspiele

8. Kreuze an, wenn du etwas nicht magst:

Laufspiele/Fangspiele
Ballspiele
Geräteturnen
Wettkampfspiele

9. Hattest du schon einmal Angst im Sportunterricht?

Ja

Wann? Warum?

____

Nein

10. Werden in deiner Klasse Schüler verspottet, wenn sie eine Turnübung nicht schaffen?

Ja
Nein

11. Hast du schon einmal einen Mitschüler verspottet, wenn er etwas nicht geschafft hat?

Ja
Nein

12. Wurdest du schon einmal verspottet, wenn du etwas nicht geschafft hast?

Ja
Nein

Gründe für Angst im Sportunterricht

13. Hast du Angst, dass du von deinen Mitschülern im Sportunterricht verspottet wirst?

Ja
Nein

14. Hast du Angst, dass du dich im Sportunterricht verletzt?

Ja
Nein

15. Hast du Angst vor einer schlechten Note im Sportunterricht?

Ja
Nein

16. Hast du Angst vor dem Verlieren?

Ja
Nein

17. Wem würdest du sagen, dass du Angst hast?

LehrerIn
Eltern
FreundInnen
Keinem

Vielen Dank für deine Mitarbeit!

Perzentilen:

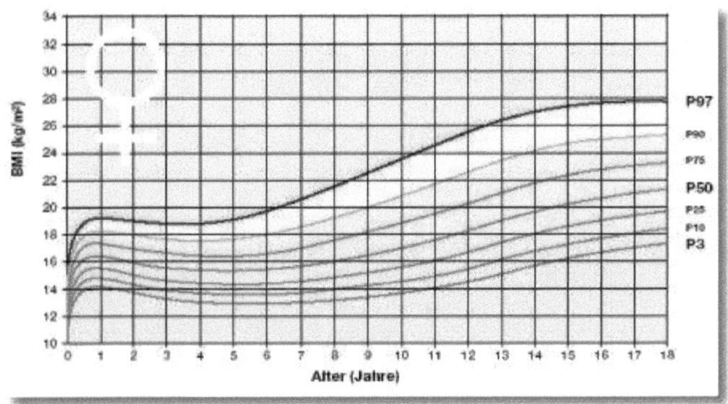

Abbildung 20: „Perzentilen für den Body Mass Index von Mädchen im Alter von

0 bis 18 Jahren"

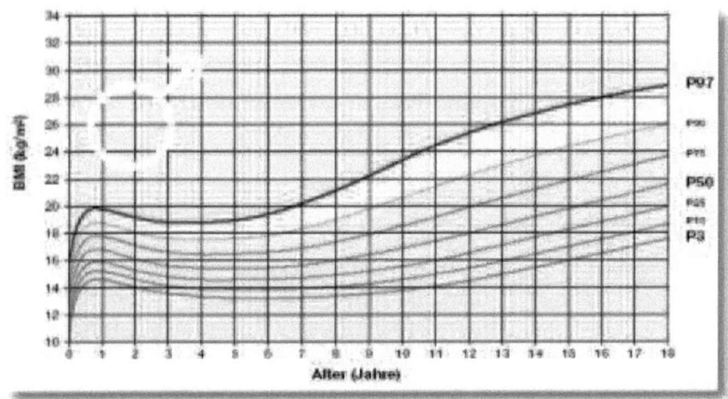

Abbildung 21: „Perzentilen für den Body Mass Index von Jungen im Alter von

0 bis 18 Jahren"

Erklärung:

Starkes Übergewicht: Adipositas > P97

Übergewicht: P97 bis P90

Normalgewicht: P90 bis P10

Untergewicht: < P10

(Quelle: http://www. psychotherapiepraxis.at/surveys/test_bmi_test.phtml)

Printed by Books on Demand GmbH, Norderstedt / Germany